Lektürehilfen
Heinrich Mann
„Professor Unrat“

---

von Stefan Wolters

Ernst Klett Verlag für Wissen und Bildung
Stuttgart · Dresden

In der Klett-Reihe Editionen für den Literaturunterricht
ist erschienen:
Heinrich Mann, Professor Unrat, Materialien
ausgewählt und eingeleitet
von Eckhard Glöckner und Thomas Lange

Stuttgart 1981.
Klettbuch 3568

Alle Seitenangaben zum Text beziehen sich auf die Taschenbuchausgabe: Heinrich Mann, Professor Unrat. Roman, Rowohlt Taschenbuch Verlag GmbH, Hamburg 1988

Die Deutsche Bibliothek – CIP-Einheitsaufnahme

Wolters, Stefan:
Lektürehilfen Heinrich Mann „Professor Unrat" /
Stefan Wolters. – 2. Aufl. – Stuttgart; Dresden:
Klett, Verlag für Wissen und Bildung, 1992
ISBN 3-12-922333-9

Gedruckt auf Papier, das aus chlorfrei gebleichtem Zellstoff hergestellt wurde

2. Auflage 1992

Satz: J. Boy, Regensburg
Druck: Wilhelm Röck, Weinsberg
Einbandgestaltung: Hitz und Mahn, Stuttgart
ISBN 3-12-922333-9

Inhalt

Einleitung

1930 schrieb die „Berliner Nachtausgabe“ des deutschnationalen Medienpotentaten Hugenberg: „Es ist der Ufa gelungen, aus dem Schandwerk von Heinrich Mann ein Kunstwerk zu machen!“ Das „Schandwerk“ war Heinrich Manns Roman „Professor Unrat“, der zu dieser Zeit auf der schwarzen Liste der nationalistischen Presse stand; das gepriesene „Kunstwerk“ war Joseph von Sternbergs Film „Der blaue Engel“ nach der Vorlage des „Professor Unrat“. Heinrich Mann selbst hatte bei einem Besuch der Dreharbeiten angesichts der „nackten Oberschenkel der Frau Dietrich“ den Erfolg des Films prophezeit.

Heinrich Manns Roman war schon bei seinem Erscheinen im Jahre 1905 eher auf Verärgerung als auf Zustimmung gestoßen, im Lübecker Katharineum-Gymnasium wurde seine Lektüre den Schülern gar verboten. Der Roman „Professor Unrat“ markiert im Werk des im Jahre der Reichsgründung 1871 geborenen Autors den Beginn einer politisch-künstlerischen Neuorientierung. Er ist neben dem Roman „Der Untertan“ eines der wichtigsten Werke Heinrich Manns und zählt zu den bedeutendsten Vorläufern der satirisch-gesellschaftskritischen Literatur der Gegenwart.

Im folgenden soll vor allem das kritische Potential des Romans analysiert werden, das sich im Themenkreis von Individuum und Gesellschaft, von Macht und Liebe entfaltet. Daneben gilt es, am Beispiel des „Professor Unrat“ die literarische Darstellungstechnik und Realismuskonzeption des Autors darzulegen sowie Grundlinien der Rezeption und unterschiedliche Interpretationsansätze herauszuarbeiten. Da der Film seit den dreißiger Jahren die Rezeption des Romans wesentlich bestimmt hat, sollen zudem Film und Romanvorlage miteinander verglichen werden.

Inhaltsangabe

1. Kapitel

Das Eingangskapitel des Romans beschreibt eine Deutschstunde des Gymnasialprofessors Raat in seiner Untersekunda. Doch bevor sich die turbulente Unterrichtsszene entfaltet, umreißt der Erzähler bereits im ersten Satz das Daseinsproblem der Titelgestalt: „Da er Raat hieß, nannte ihn die ganze Stadt Unrat. Nichts konnte einfacher und natürlicher sein.“ (5) Die ganze Stadt macht sich lustig über den Professor, dessen Name ihm in den 26 Jahren seines Schuldienstes zum Fluch geworden ist. Auf die provozierende Nennung seines Spottnamens reagiert er gleichsam automatisch:

Schicksalhafter Spottname

> „Und sofort zuckte der Alte heftig mit der Schulter, immer mit der rechten, zu hohen, und sandte schief aus seinen Brillengläsern einen grünen Blick, den die Schüler falsch nannten, und der scheu und rachsüchtig war; der Blick eines Tyrannen mit schlechtem Gewissen, der in den Falten der Mäntel nach Dolchen späht.“ (5)

Rachsüchtiger Tyrann

So wild sich Unrat auch gebärdet, er erscheint dennoch als eine eher mitleiderregende und hilflose Gestalt:

> „Sein hölzernes Kinn mit dem dünnen, graugelben Bärtchen daran klappte herunter und hinauf. Er konnte dem Schüler, der geschrien hatte, ‚nichts beweisen‘ und mußte weiterschleichen auf seinen mageren, eingeknickten Beinen und unter seinem fettigen Maurerhut.“ (5)

Trostlose Erscheinung

Charakteristisch für Unrat war sein Verhalten nach seinem 25-jährigen Dienstjubiläum: Einige Schüler hatten auf altbewährte Weise seine Ansprache gestört. („Da ist Unrat in der Luft.“) Zwar konnte er nicht den Beweis erbringen, daß die Schüler nicht tatsächlichen „Unrat“ meinten,

Macht und Ohnmacht

aber durch ihre Nichtversetzung am Schuljahrsende konnte Unrat seine Rachegelüste schließlich doch befriedigen.
Die im ersten Kapitel beschriebene Deutschstunde beginnt mit einer Verzweiflungstat des Schülers von Ertzum – von Ertzum und sein Freund Kieselack gehören zu den Schülern, die aufgrund der Jubiläumsstörungen nicht versetzt wurden. Nun, an diesem spätherbstlichen Schulvormittag etwa ein Jahr später, brüllt von Ertzum „in einem Anfall von schwerfälliger Verzweiflung" den Spottnamen Raats aus dem Fenster. Unrat, innerlich „frohlockend", von Ertzum erkannt zu haben und ihm diesmal die beleidigende Absicht auch „beweisen" zu können, verkündet, „in das Katheder gekrallt" und „mit begrabener Stimme", daß er sich beim Direktor für von Ertzums Schulverweis einsetzen werde. Gehässig bezeichnet er den Schüler nicht nur als den „schlimmsten Abschaum der Gesellschaft". Im Hochgefühl der erfolgreichen Rache brüstet er sich sogar damit, bereits den Onkel von Ertzums in seiner beruflichen Karriere nachhaltig behindert zu haben: „Mein Urteil über ihre Familie, von Ertzum, steht seit 15 Jahren fest." (8) Unrats Verhalten erfüllt wiederum die Schüler mit Abscheu: Schon vor Beginn seines Auftritts „sahen sie ihrem Ordinarius zu wie einem gemeingefährlichen Vieh, das man leider nicht totschlagen durfte". (7)

Von Ertzums Verzweiflungstat

Sippenhaftung

Teufelskreis des Hasses

Nachdem Unrat, speichelspritzend vor Zorn, den Schüler von Ertzum ins „Kabuff" – also in die finstere Garderobe der Klasse – befohlen hat, beginnt er seinen regulären Deutschunterricht „stöhnend vor Erleichterung". Doch auch jetzt geht es ihm vor allem darum, seine Schüler „hineinzulegen". Er stellt das Thema eines Aufsatzes über Schillers „Jungfrau von Orléans" so, daß die Schüler in eine Falle laufen müssen. Obwohl im Stück Schillers nur zwei Gebete des Dauphins erwähnt werden, sollen sie sich mit dem dritten Gebet auseinandersetzen. Die Schüler sind an die absurde Marter des Deutschaufsatzes bereits gewöhnt:

„Kabuff" als Schülergefängnis

Literatur als Schülerfalle

„Über Gegenstände, von deren Vorhandensein man nichts weniger als überzeugt war, etwa über die Pflichttreue, den Segen der Schule und die Liebe zum Waffendienst, eine gewisse Anzahl von Seiten mit Phrasen zu bedecken, dazu war man durch den deutschen Aufsatz seit Jahren erzogen. Das Thema ging einen nichts an; aber man schrieb." (9f)

Der deutsche Aufsatz

Während die Schüler, selbst der Klassenprimus Angst, an dieser unlösbaren Aufgabe verzweifeln, unterbricht der Erzähler seine Schilderung der Unterrichtsstunde und schiebt eine längere Reflexion über Unrat ein, dessen Unterricht eher geeignet ist, den Schülern den Zugang zur Literatur zu versperren als zu eröffnen:

Literaturunterricht

„Man hatte sie [die Jungfrau von Orléans] vor- und rückwärts gelesen, Szenen auswendig gelernt, geschichtliche Erläuterungen geliefert, Poetik an ihr getrieben und Grammatik, ihre Verse in Prosa übertragen und die Prosa zurück in Verse. Für alle, die beim ersten Lesen Schmelz und Schimmer auf diesen Versen gespürt hatten, waren sie längst erblindet." (10)

Unrat als Pädagoge

Zwar benutzt Unrat den Jargon der Schüler, dennoch hat er keinerlei Verständnis für die Bedürfnisse der Heranwachsenden. Er besitzt die nötige Distanz des Pädagogen weder zu seinen Schülern noch zu seiner eigenen pädagogischen Tätigkeit:

„Da er sein Leben ganz in Schulen verbracht hatte, war es ihm versagt geblieben, die Knaben und ihre Dinge in die Perspektive des Erfahrenen zu schieben. Er sah sie so nah wie einer aus ihrer Mitte, der unversehens mit Machtbefugnissen ausgestattet und aufs Katheder erhoben wäre." (11)

So fehlt ihm jede Überlegenheit, jeder Humor und jedes Maß beim Umgang mit seinen Schülern:

„Wenn er strafte, tat er es nicht mit dem überlegenen Vorbehalt: ‚Ihr seid Rangen, wie's euch zukommt, aber Zucht muß sein'; sondern er strafte im Ernst und mit zusammengebissenen Zähnen." (11)

Schule und „Nebendinge"

Schule und Leben sind für ihn eins, und in der Schule ist kein Platz für „Nebendinge", also für nichts, was nicht unmittelbar zum Ernst des schulischen Lebens gehört. Und so wie ein „Selbstherrscher“ die „Umstürzler“ in die Strafkolonie schickt, so schickt Unrat die Schüler, die ihn „bei seinem Namen“ genannt haben, ins Kabuff. Nach 26 Jahren Unterricht ist die Stadt freilich voll von solchen Schülern, und darum „[endete] die Schule [...] für ihn nicht mit der Hofmauer; sie erstreckte sich über die Häuser ringsumher und auf alle Altersklassen der Einwohner.“ (11f)

Während Unrat oben auf dem Katheder noch seine „vermeintliche“ Sicherheit genießt, besinnt sich der Schüler Lohmann, der seinen Aufsatz sehr schnell zu Ende gebracht hat, auf den Vorfall zu Beginn des Unterrichts. Der 17jährige weiß sich seinen meist 2 oder 3 Jahre jüngeren Klassenkameraden an Intelligenz und Lebenserfahrung weit überlegen – „Er machte Heinesche Gedichte und liebte eine dreißigjährige Frau“ (12) –, und auch Unrats heimtückisch-furioses Gebaren vermag ihn nicht einzuschüchtern. Unter der unverhohlenen Herablassung des Konsulsohnes, der ihn nicht einmal „bei seinem Namen“ nennt, leidet Unrat mehr als unter jeder anderen Widersetzlichkeit aller anderen Schüler:

Lohmanns Souveränität und Herablassung

> „Was wußte nun einem Lohmann der hölzerne Hanswurst dort auf dem Katheder für einen Eindruck zu machen; dieser an einer fixen Idee leidende Tölpel? Wenn Unrat ihn aufrief, trennte er sich ohne Eile von seiner der Klasse fernstehenden Lektüre, und die breite, gelbblasse Stirn in befremdeten Querfalten, prüfte er aus verächtlich gesenkten Lidern die ärmliche Verbissenheit des Fragestellers, den Staub in des Schulmeisters Haut, die Schuppen auf seinem Rockkragen. Schließlich warf er einen Blick auf seine eigenen geschliffenen Fingernägel.“ (13)

Soziales Gefälle: Lohmann – Unrat

Nun fühlt sich Lohmann, der sich als Freund und Beschützer von Ertzums versteht, durch Unrats Ausfälle gegen von Ertzums Onkel persönlich herausgefordert. Mit seiner „vornehm gelassen“ ausgesprochenen Feststellung „Es riecht auffallend nach Unrat“ stürzt er Unrat in helle Panik. Da

Lohmanns Angriff

Unrat Lohmann jedoch nicht „beweisen" kann, daß dieser ihn persönlich diffamieren wollte, und da jetzt auch Kieselack dieses provozierende Wortspiel weitertreibt, vermag Unrat sich dieses „Gewaltstreichs" nur noch zu erwehren, indem er Lohmann ins Kabuff bugsiert. Lohmann läßt dies „gelangweilt", „peinlich berührt" und mit einem gewissen Ekel über sich ergehen: Er „staubte sich ab an der Stelle, wo Unrat ihn angefaßt hatte". (14)
Unrats Entrüstung wächst noch, als er Lohmanns Abhandlung über das gestellte Thema liest. Lohmann hat Unrats Falle erkannt. Salopp und respektlos legt er dar, was es seines Erachtens mit der 3. Bitte des Dauphins auf sich hat: „Was soll er also noch erbeten haben? Suchen wir nicht lange: er weiß es selbst nicht. Johanna weiß es auch nicht. Schiller weiß es auch nicht". (15) Diese Unverfrorenheit bestärkt Unrat in seinem Streben, „*diesen* Schüler zu beseitigen, vor *diesem* Ansteckungsstoff die menschliche Gesellschaft zu behüten, das dränge weit mehr als die Entfernung des einfältigen von Ertzum." (15) Kurz vor dem Ende der Stunde entdeckt Unrat in Lohmanns Heft eine Eintragung über eine „Künstlerin Rosa", deren Inhalt hier vom Erzähler noch nicht wiedergegeben wird, die Unrat aber offenbar sehr berührt: „etwas wie eine rosa Wolke [überflog] die gewinkelten Wangen des Lehrers." (15)

Lohmann: Feind Nr. 1

2. Kapitel

Nach dem Mittagessen liest Unrat immer wieder Lohmanns „Huldigung an die hehre Künstlerin Fräulein Rosa Fröhlich". Nach dem fehlenden vierten Vers des anzüglichen Gedichts sucht Unrat so verzweifelt wie seine Schüler zuvor nach dem dritten Gebet des Dauphins. „Der Schüler Lohmann schien sich durch diesen Vers über Unrat lustig zu machen", und Unrat ist entschlossener denn je, Lohmann „hineinzulegen". Mit dem Vorsatz, „ihm zu zeigen, er selbst sei zuletzt doch der Stärkere" (17), begibt sich Unrat auf die Suche nach der Künstlerin.

Suche nach Rosa Fröhlich

Mit einem „giftige[n] Lächeln in den Mundfalten" (17) „schlich" Unrat durch die kalten und regennassen Straßen der Stadt, stets in Sorge, bei seiner Suche nach der Künstlerin in einen ehrenrührigen Verdacht zu geraten angesichts der „Klatschsucht" der „tiefstehenden, in den humanistischen Wissenschaften unerfahrenen Bürger" (18).

Bildungsdünkel

Lebensgeschichte Unrats

Er will Lohmann „fassen" und den Beweis erbringen, daß von Ertzum und Kieselack, die ihn „bei seinem Namen" nennen, „auch jeder anderen Unsittlichkeit fähig" sind. Vor Jahren mußte sich Unrat von seinem eigenen Sohne trennen. Dieser, ein schulischer Versager, der noch nicht einmal die Examensprüfung bestanden hatte, hatte sich „mit zweideutigen Frauenzimmern" abgegeben und ihn, seinen eigenen Vater, „bei seinem Namen" genannt. Der Sohn entstammte im übrigen der Ehe mit einer inzwischen verstorbenen Witwe, die „knochig und streng gewesen war" (18), und die Unrat „vertragsgemäß" ehelichen mußte, weil sie sein Studium finanziert hatte.

Suche im Feindesland:

In den stürmischen, steilen und engen Straßen bewegt sich Unrat wie im Feindesland: „er litt unter der Besorgnis des Herrschers, der sein Gebiet verlassen hat: man möchte ihn verkennen, ihm aus Unsicherheit zu nahe treten, ihn nötigen, sich als Mensch zu fühlen." (19) In seiner Aufregung stellt er sich dem Kassierer des Stadttheaters vor als „der Professor Un- der Professor Raat" (20). Nach allen linkisch fehlgeschlagenen Versuchen, Auskunft über die Künstlerin Rosa Fröhlich zu erhalten, vermag er nur noch kopflos die Flucht zu ergreifen – „sein Lächeln war verzerrt vor Angst vor dem Verfolger". (21)

– Stadttheater

– Hafen (Heuerbaas)

Die nächste Station seiner Suche ist der Hafen. Im Büro eines Heuerbaas, der Matrosen an Schiffskapitäne vermittelt, benimmt er sich wiederum so schulmeisterlich ungeschickt, daß er das Gelächter der Matrosen und den Zorn des Heuerbaas erregt und beinah hinausgeworfen wird. Da mit diesem niederen „Volk [...] keine Verständigung möglich [war]" – so „zensierte Unrat das Vorgefallene" –, späht er nun nach einem bekannten und verheißungsvolleren Gesicht aus. Doch es grinst ihn nur, „erschrecklich“ und „höhnisch“, ein ehemaliger Schüler an, dem Unrat noch vor gar nicht langer Zeit mit der Betonung lateinischer Verse das Leben schwer gemacht hat. Plötzlich brechen die spöttischen „Unrat“-Rufe von Bürger- und Volksschülern über ihn herein, bis zu denen sich sein Name herumgesprochen hatte. Bewußt meidet Unrat den Laden eines Tabakhändlers, obwohl er von diesem vielleicht Auskunft erhalten könnte: Es fällt ihm ein, daß „der Mann da drinnen [...]“ ein ehemaliger widersetzlicher Schüler war, den er leider nicht mehr „fassen“ konnte (25). Die ganze Stadt scheint aus Schülern zu bestehen, die Unrat den Respekt versagten und die es noch „hineinzulegen“ gilt. Inmitten dieser feindlichen Welt respektloser Bürger nimmt Unrats Ängstlichkeit wahnhafte Züge an:

– Grinsender Schüler

– Spottrufe

> „Er schlich an den Häusern hin mit einem gespannten Gefühl oben auf dem Scheitel, denn jeden Augenblick konnte wie ein Kübel schmutziges Wasser, den jemand ihm über den Kopf gegossen hätte, aus einem Fenster sein Name fallen! Und da er ihn nicht sah, vermochte er den Schreier nicht zu ‚fassen‘! Eine empörte Klasse von fünfzigtausend Schülern tobte um Unrat her.“ (26)

Verfolgungswahn

In der „abgelegenste[n], tiefste[n] Gegend“ der Stadt und erfüllt von ohnmächtigem Haß steigt in Unrat die Ahnung auf, daß seine allgegenwärtigen Widersacher „etwas Übles aus ihm gemacht [...] hatten“ (27). Dabei, so gibt der Erzähler zu bedenken, sei die Stadt Unrat durchaus nicht bloß mit Heimtücke begegnet, sondern gelegentlich nur mit Gleichgültigkeit und manchmal gar mit Wohlwollen. Der Erzähler gibt ein Gespräch von Stadtbewohnern wieder:

Unrats Ahnung: Üble Existenz

> „ ‚Als Hilfslehrer war er noch ’n ganz adretter Mensch.‘
> ‚So? Was der Name tut. Ich kann ihn mir überhaupt nicht sauber vorstellen.‘
> ‚Wissen Sie, was ich glaube? Er sich selber auch nicht. Gegen so’n Namen kann auf die Dauer keiner an.‘ “ (27)

Macht des Namens

3. Kapitel

Unrat sieht sich „auf merkwürdige Weise aus den Schienen seines Tages herausgeworfen“ (25). Plötzlich kommt ihm der Gedanke, bei der Künstlerin Rosa Fröhlich handle es sich um die seit längerem angekündigte „Barfußtänzerin“. Er fühlt sich „vernichtet“, weil er keine Karte mehr für die Abendvorstellung bekommt. Aber, einmal in „Jagdleidenschaft“ geraten, ist es ihm nicht möglich, unverrichteter Dinge nach Hause zu gehen. Sein zielloser Weg durch die Stadt führt ihn vor das Haus des Schuhmachermeisters Rindfleisch, eines Herrnhuters, der gerade mit seiner Familie zu Abend ißt. Unrat hofft, daß dieser „rechtschaffene und harmlose“ Mann ihm „anstandslos Auskunft erteilen würde“ (28). Rücksichtslos spielt Unrat hier seine Autorität als Professor aus und beauftragt Rindfleisch zu schon feierabendlicher Stunde, ihm ein Paar neuer Stiefel anzumessen, um ihn dabei über die vermeintliche Barfußtänzerin Rosa Fröhlich auszuhorchen. Mit wachsender Ungeduld und Ablehnung begegnet Unrat dem Schuhmachermeister, der jedes Wissen um eine Barfußtänzerin leugnet und in überzogener pietistischer Sittenstrenge jegliche tänzerische Darbietung als „Sünde“ verurteilt. Die „Fleischessünde“ des ehelichen Koitus scheint ihm von Gott „nur darum erlaubt, auf daß er in seinem Himmel oben mehr Engel kriegt“ (32). Unrat hat mit den moralischen Auffassungen Rindfleischs nichts gemein:

Jagdfieber

Schuhmachermeister Rindfleisch

> „Er verachtete Rindfleisch. Er verachtete die blaue Stube, die Enge dieser Geister, die demütigen Seelen, die pietistischen Überspanntheiten und die sittliche Verstocktheit.“ (33)

Zwar „errötete“ er über das Verhältnis Lohmanns zu dieser Künstlerin, „weil er nicht anders konnte“, doch seine Empörung über den „Verbrecher“ Lohmann entspringt keineswegs „sittliche[r] Einfalt“, sondern vielmehr dem quälenden Bewußtsein, daß sich dieser „bei verbotenen Früchten der harten Zucht des Lehrers entzog“ (33).

Lohmanns Verbrechen: Ausbruch aus der Zucht

Unrats ärmliches Sein

Unrats ökonomischer Status ist vergleichbar mit der Situation des Schuhmachermeisters; auch bei ihm zu Hause „sah es eher dürftig aus". Aber Unrats Bewußtsein erhebt ihn über sein ärmliches Sein: „in seinem Kopf [hatte er] die Möglichkeit, sich mit mehreren alten Geistesfürsten, wenn sie zurückgekehrt wären, in ihrer Sprache über die Grammatik in ihren Werken zu unterhalten." (33)

Unrats Bewußtsein: Stütze der Macht

> „Er ging unansehnlich, sogar verlacht, unter diesem Volk umher – aber er gehörte, seinem Bewußtsein nach, zu den Herrschenden. Kein Bankier und kein Monarch war an der Erhaltung der Macht mehr beteiligt, an der Erhaltung des Bestehenden mehr interessiert als Unrat. Er ereiferte sich für alle Autoritäten, wütete in der Heimlichkeit seines Studierzimmers gegen die Arbeiter – die, wenn sie ihre Ziele erreicht hätten, wahrscheinlich bewirkt haben würden, daß auch Unrat etwas reichlicher entlohnt wäre. Junge Hilfslehrer, noch schüchterner als er, bei denen er sich mit der Sprache herauswagte, warnte er düster vor der unseligen Sucht des modernen Geistes, an den Grundlagen zu rütteln. Er wollte sie stark: eine einflußreiche Kirche, einen handfesten Säbel, strikten Gehorsam und starre Sitten. Dabei war er durchaus ungläubig und vor sich selbst des weitesten Freisinns fähig. Aber als Tyrann wußte er, wie man sich Sklaven erhält, wie der Pöbel, der Feind, die fünfzigtausend aufsässigen Schüler, die ihn bedrängten, zu bändigen waren." (33)

Sklavenhalterideologie

Schließlich ist Unrat wieder in seine Wohnung gelangt, wo er jedoch nicht die Ruhe findet, sich auf seine philologische Arbeit über die „Partikeln bei Homer" (34) zu konzentrieren, sein „wichtiges Werk, wovon die Menschen nichts wußten". Der Gedanke an Lohmann und die plötzliche Eingebung, daß die Barfußtänzerin doch nicht den Namen Rosa Fröhlich trage, stürzen ihn erneut in „einsame[.] Erregung". „Auf verbotenen Wegen" schleicht er durch die mondhelle Nacht, um vor den Fenstern eines Lokals innezuhalten, in dem er die Silhouette des Oberlehrers Hübbenett entdeckt, „eines ganz schlimmen, der Unrat den Respekt versagte, weil er zur Lockerung der Disziplin in der Schule Anlaß gebe, und der sich über

Lebenswerk: Partikeln bei Homer

Haß auf Kollegen Hübbenett

Unrats Sohn sittlich entrüstet hatte". (35) Der Gesellschaft dieser mit „Biereifer" redenden Honoratioren fühlt Unrat sich nicht zugehörig: „Da hockten nun *die* beisammen und waren in der Ordnung: er aber dünkte sich fragwürdig, gewissermaßen, und ausgestoßen, sozusagen." (35)

Außenseiter Unrat

In der Kaiserstraße erkennt er vor dem vornehmen Haus des Konsuls Breetpoot seinen jungen Kollegen Oberlehrer Richter, dem Ambitionen nachgesagt werden, in eine reiche und elegante Familie einzuheiraten, „zu der sonst Oberlehrer nicht den Blick erhoben" (35).

Haß auf Kollegen Richter

> „[Unrat] machte sich in seinem bespritzten Mantelkragen lustig über den wohlaufgenommenen, aussichtsreichen Menschen, wie ein höhnischer Strolch, der unerkannt und drohend aus dem Schatten heraus der schönen Welt zusieht und das Ende von alledem in seinem Geist hat, wie eine Bombe." (35f)

Die Bombe im Kopf

Im Stillen prophezeit er seinem Kollegen wie sonst seinen Schülern, er werde ihn „ – immer mal wieder – hineinlegen, merken Sie sich das!" (36)

Die bisher nur als Name in seine Vorstellungswelt getretene Künstlerin Rosa Fröhlich hat ihn, den „Indianer auf dem Kriegspfad", in eine „lüsterne Spannung" versetzt (36). Mit dem eigentümlich gemischten Gefühl von „Furcht und Kitzel" gelangt er zum zweiten Male in die Hafengegend. Hier folgt er unbemerkt zwei „Proletariern" zu dem Vergnügungslokal „Der Blaue Engel". Bis zum höchsten Grade erregt, studiert Unrat den Programmzettel an der Eingangstür, und „Auf einmal riß er sich los und stürzte sich in das Haus wie in einen Abgrund." (37)

Unrat am Ziel: Der Blaue Engel

4. Kapitel

Unrat findet sich nun an einem Ort, wo sich Dinge abspielen, die nicht in den Bereich der Schule gehören. Hier gilt Unrats Autorität als „Professor vom hiesigen Gymnasium" nichts. Seine an den Wirt des Lokals gerichtete Anweisung, den Schü-

Welt der „Nebendinge"

ler Lohmann herbeizuschaffen, wird von diesem mit der Bemerkung „Oll Dösbattel“ unwirsch zurückgewiesen. Hilflos durch die Reihen des Publikums im Saale irrend, erscheint Unrat hier so lange als störender Fremdkörper, bis er sich selbst in die Menge der Zuschauer setzt: „Sogleich fühlte er sich in der Menge versunken, seiner drückenden Ausnahmestellung enthoben. Niemand achtete im Augenblick auf ihn.“ (39)

Entspannung

Aus dieser neuen Perspektive „dumpfe[r] Seligkeit“, inmitten von Musik, Tabaksqualm, Alkoholdunst und Menschenleibern, nimmt Unrat nun erstmals die Künstlerin Rosa Fröhlich wahr. Vorne auf der Bühne erscheint sie ihm als

Rosa Fröhlich

> „ein sehr stark bewegter Gegenstand, etwas, das Arme, Schultern oder Beine, irgendein Stück helles Fleisch, bestrahlt von einem hellen Reflektor, umherwarf und einen großen Mund dunkel aufriß“. (39)

Der Gesang dieses „Wesens“ erscheint als „Gekreisch“, das sich gegen den Lärm des Klaviers und des Publikums behaupten muß.

Unrat empfindet zunächst „Abscheu“ gegenüber seinem Sitznachbarn, einem biederen beleibten Bürger, der ihm nicht einmal den Namen der Sängerin nennen kann. Zudem schätzt er die Kunst der Sängerin gering, die den Beifall des Publikums dadurch provoziert, daß sie ihren Rock hebt und gleichzeitig verschämt und mit vorgetäuschtem französischen Akzent singt: „Wail iesch noch so klain uhnd so uhnschuhldiesch bien.“ (40) Doch sehr schnell wandelt sich Unrat in dieser „Welt, die die Verneinung seiner selbst war“ (40). Er fühlt sich nun angenehm berührt „von warmen menschlichen Ausdünstungen“ (40). Waren zuvor nur die Gehirne der anderen Zuschauer und Zuhörer „von Musik in das Triebleben zurückgebannt“ (39), so gerät nun auch Unrat in diesen Bann:

Gegenwelt Blauer Engel

> „Es befiel ihn eine große, unbedachte, nur schwer zu bändigende Lust, seine beiden Füße gleichzeitig gegen den Boden zu stoßen. Er war stark genug, es nicht zu tun. Aber die Versu-

> chung erzürnte ihn auch nicht. Er lächelte heiter versonnen vor sich hin und stellte fest, das sei – demnach denn wohl – der Mensch. ‚Immer mal wieder – Gras fressen', setzte er hinzu. ‚Ei freilich.' " (41)

Animalische Triebe

Aus dieser kurzen Phase der Entspannung wird Unrat jäh herausgerissen, als er das Gesicht Kieselacks wahrnimmt. Wiederum stiftet Unrat allgemeine Verwirrung: „in der schwindelnden Panik des Tyrannen" verfolgt er seinen Schüler, bis er unversehens in die Künstlergarderobe gelangt. Auch jetzt klammert sich Unrat zunächst verzweifelt an seine vermeintliche Autorität und droht der respektlosen Sängerin Rosa Fröhlich mit der Polizei. Doch als diese kontert, sie könne ihr „bekannte Offßiere" auf ihn loslassen, von denen er kurzerhand „verkeilt" würde (44), gibt sich Unrat schließlich geschlagen. Diese Künstlerin zählte nicht, wie alle anderen Bürger der Stadt, zu seinen ehemaligen, lebenslänglich zu disziplinierenden Schülern: „Sie war eine fremde Macht und augenscheinlich fast gleichberechtigt", und er empfand für sie sogar etwas „wie Achtung". (44)

Kapitulation vor „fremder Macht": Rosa Fröhlich

Als nun das Schauspielerehepaar Kiepert von der Bühne zurück in die Garderobe kommt, läßt er sich ohne zu protestieren als „Lustgreis" beschimpfen und nimmt die wohlmeinende Fürsprache der Gattin des starken Kiepert hin: „Gott, man kriegt mal'n Rappel, das kommt vor." (45) Kiepert wirbt für die Sozialdemokraten, die sich auch für eine bessere Besoldung der Lehrer einsetzten, und zählt Unrat versöhnlich zu seinesgleichen: Die Wissenschaft und die Kunst „kommen allemal aus demselben Käsegeschäft" (45f).
Bereitwillig gibt Unrat Auskunft über sein Alter – (57 J.) –, und dankbar läßt er sich seinen Maurerhut zurechtrücken. In dieser Welt, in der die Autorität seines Titels bedeutungslos war, „fühlte [er] sich [...] mit eigentümlicher Wärme angefaßt" (46). Da diesen Leuten „jeder Maßstab" fehle, gesteht er ihnen ihre „Respektlosigkeit" zu und sich selbst

Aussetzung des Machtprinzips

> „die Lust [...], von der Widersetzlichkeit der Welt einmal abzusehen, in seiner gewöhnlichen Gespanntheit nachzulassen – abzurüsten, sei es nur auf ein Viertelstündchen". (46)

Während nun das Artistenehepaar zum nächsten Auftritt die Garderobe verläßt, „schlich [Unrat] mit den Augen" durch den schmuddligen, in wüster Unordnung befindlichen Raum. Nun treten auch Rosas körperliche Reize als flüchtige erotische Signale in sein Bewußtsein. Er

Erotische Attraktion Rosas

> „machte die angstvolle Entdeckung, daß ihr zwischen den Maschen eines schwarzen Netzes blau hervorschimmerndes Seidenkleid nicht einmal bis unter die Achseln reichte und daß, sooft sie mit Nadel und Faden weit in die Luft fuhr, in der Höhle unter ihrem Arm etwas Blondes erschien". (48)

Rosas Bild ist vor allem geprägt durch die verwirrende „Buntheit" ihres geschminkten Gesichts, ihrer Kleidung und Frisur, wobei freilich die Spuren ihres Lebenswandels nicht zu übersehen sind: „Das schwach gerundete, leichte Fleisch ihrer Arme und ihrer Schultern kam einem abgegriffen vor." (48)

Langsame Annäherung

Rosa bestätigt Unrats Vermutung, daß sich Lohmann bei der Künstlerin aufhält: „Einer ist da, der hat Pinke-Pinke." (50) Langsam und unbeholfen nähern sich Unrat und Rosa im Gespräch einander an. Unrat bemerkt, daß man Menschenkenntnis brauche, um sich die Menschen „dienstbar zu machen und, sie verachtend, über sie zu herrschen!" (49) Rosa pflichtet ihm bei, daß es eine „Kunst" sei, „aus dem Pack etwas rauszuschlagen!" (49) Unrat ist beunruhigt. Zum einen fühlt er sich bedrängt durch die stetig zunehmende körperliche Nähe Rosas – „Überdies befinden sich ihre Knie nun schon zwischen seinen eigenen" –, zum anderen bedrückt ihn die Vorstellung, daß „Lohmann, der Allerschlimmste, mit seiner unnahbaren Widersetzlichkeit" (50), auch hier als „unsichtbarer Geist" zugegen sein könnte. Unrat ist entschlossen, den Platz in der Garderobe gegen Lohmann zu behaupten: „Ging er,

Unsichtbarer Geist Lohmann

dann saß wieder Lohmann hier" (50). Mit einer kindlichen Schadenfreude und Genugtuung trinkt er Lohmanns Wein aus.
Inzwischen singen die „beiden dicken Leute im Saal" das kriegerische „Flottenlied", das auch in der Art seiner Darbietung jeglichen künstlerischen Wertes entbehrt - wie Rosa beklagt –, das aber dennoch eine sichere „Zugnummer" im Programm darstellt.

Zeit der Handlung

Der Hinweis auf die Popularität des Flottenliedes erlaubt es, die Handlungszeit des Romans etwa auf die Hochzeit der deutschen Flottenbegeisterung zu Beginn des Jahrhunderts festzulegen.
Besessen von dem Ehrgeiz, Lohmann endgültig aus der Garderobe der Künstlerin Fröhlich zu verdrängen, will Unrat Rosa dazu bewegen, „die Wahrheit preis[zu]geben über den Schüler Lohmann". (52) Doch diese findet eher Gefallen daran, Unrat zu provozieren:

Rosas Provokation

> „Sie beugte unerwartet ihre Büste vor, tastete mit ganz leichten Fingern unter Unrats Kinn, auf die kahlen Flecken zwischen seinen Barthaaren, und machte einen Mund wie zum Saugen. ‚Stellen Sie ihn mir vor, ja?' " (54)

Unrat verabschiedet sich, als Rosas Auftritt beginnt. Beim Hinausgehen bemerkt er seine Schüler Lohmann, von Ertzum und Kieselack, der mit einer „Quetschstimme" den „sittlichen Unrat" beklagt, den es im „Blauen Engel" gebe. Unrats zugleich wütende und angstvolle Ankündigung, er werde das Geschehen am nächsten Tag zur Anzeige bringen, erwidert Kieselack mit der unverhüllten Drohung: „Wir auch!" (55)

5. Kapitel

Unmittelbar nach dieser Begegnung schleichen sich die drei Schüler ins „Kabuff", in die Künstlergarderobe des Blauen Engel. Lohmann wirft Kieselack vor, Unrat unnötig provoziert zu haben. Unrat sei „ja auch nur ein Mensch, und über seine Kräfte muß man ihm keine Gemeinheiten zumuten“ (56). Er befürchtet, Unrat könne ihnen jetzt unangenehmen „Stank“ machen. Während Kieselack dies prahlerisch abtut, kündigt von Ertzum an, daß er diesem „Vieh“ Unrat „alle Knochen entzwei[brechen]“ werde, sollte er noch ein einziges Mal die Garderobe der Künstlerin Fröhlich betreten (56). Der inzwischen von der Bühne gekommenen Sängerin offenbart Lohmann nun spöttisch von Ertzums Geheimnisse. In seiner leidenschaftlichen Liebe zu ihr sei dieser bereit, ihr „seinen Namen, eine glänzende Zukunft, ein Vermögen“ zu opfern. Doch wäre auch von Ertzum selbst von „hinreichend einfachem Geist“ (57), dies alles wirklich zu tun, so verhindere es doch dessen Vormund, Konsul Breetpoot, „dieser Bürger“. (57)

Von Ertzums Verliebtheit

Von Ertzum träumt davon, Rosa Fröhlich zu sich „emporziehen“ zu dürfen, und er leidet darunter, daß sie ihre unschuldige „Reinheit“ in dieser Umgebung und im Umgang mit so „schmutzigen Leuten“ wie Unrat gefährden müsse. Der grobschlächtige Junker, der sich der Sängerin demutsvoll unterwirft – mit den Zähnen apportiert er ihr fettverschmiertes Taschentuch –, sehnt sich im Grunde in die kraftvoll-sinnliche Atmosphäre des Landlebens zurück, dem er in der Tiefe seiner Seele verhaftet ist. Rosa weckt seine Sehnsüchte, sein eigenes Seelenleben: „Darum tat er ihr die Ehre an, dies für ihre Ehre zu halten, ihr viel Seele beizulegen und sie sehr hochzustellen.“ (61)

Von Ertzums Selbsttäuschung

Die Vorhaltung Rosas, daß nicht von Ertzum, sondern Lohmann selbst ihr zu nahe trete – „hinterrücks bedichten Sie einen in dreckiger Weise“ (57) – trifft diesen nicht. Der Sohn eines begüterten Vaters sieht sich in dieser Umgebung doch „ohne persönliches Interesse und nur als ironische[n] Zuschauer“ (58). Dem schlichten von Ertzum intellektuell weit überlegen, hält er auch seine Gefühle für einzigartig und für unvergleichlich: „Um sein, Lohmanns Herz, stand es wahrhaftig viel zu ernst, viel ernster, als man es je erfahren würde [...] Er machte sich einen Panzer aus Spott.“ (58) Lohmann verzehrt sich in der platonischen Liebe zur dreißigjährigen Gattin des

Konsuls Breetpoot, wobei er freilich die Leiden und „wollüstigen Bitternisse“ dieser unerfüllten Leidenschaft in narzißtischer Selbstverliebtheit auskostet. Die „Chanteuse des Blauen Engels“ weiß er weit unter sich auf der gesellschaftlichen Stufenleiter. Gleichwohl –

Lohmanns Selbstverliebtheit

> „Es gab Stunden, wo er dieses Mädchen zu seinen Füßen zu sehen wünschte, wo er sie begehrte, um seinen Liebkosungen den düsteren Geschmack des Lasters zu geben – und durch solch Laster seine eigene Liebe zu beschmutzen, in der auf den Knien bettelnden Dirne sie, Dora Breetpoot selbst, zu erniedrigen und dann vor ihr hinzusinken und köstlich zu weinen!“ (63)

6. Kapitel

In größter Angst erwarten Lohmann, von Ertzum und Kieselack am nächsten Morgen das ihnen von Unrat angedrohte Strafgericht. Jedoch ignoriert Unrat merkwürdigerweise die Schüler völlig, so daß ihnen zumute ist, „als seien sie ausgestoßen aus der menschlichen Gesellschaft, hätten schon den bürgerlichen Tod erlitten“ (64). Als auch nach Unterrichtsschluß jedes Anzeichen einer bevorstehenden Bestrafung ausbleibt, ärgern sie sich über ihre Ängstlichkeit. Am Abend treffen sie sich wieder vor dem „Blauen Engel“, hat sie die leere Drohung Unrats in ihrer Widersetzlichkeit doch noch bestärkt – Lohmann: „jetzt geh ich grade hin“ (65). Kieselack, von Hause aus zwar mittellos, dafür aber von besonderer Dreistigkeit, muß wie immer seinen Kameraden vorangehen. Bestürzt erfahren sie nun von der Wirtin, daß „der Lehrer“ bereits in der Garderobe sitzt.

Unrats leere Drohung

Der Erzähler wendet sich nun noch einmal dem vorangegangenen Abend zu, um die neue Entwicklung der Dinge auch aus der Perspektive Unrats darzustellen. Unrat fühlt, zu seinem Manuskript über die „Partikeln bei Homer“ zurückgekehrt, daß sein Leben nie wieder so sein könne, wie es einmal war, „solange Lohmann ungehindert bei der Künstlerin Fröhlich saß!“ (65) Schamvoll erinnert er sich an Rosas „kitzelnden

Angst vor den Schülern

Blick“ und an ihre neckische Berührung seines Kinns. Die Angst, daß seine Schüler dieses und anderes aus einem heimlichen Versteck beobachtet haben und ihn damit bei der Schulleitung belasten könnten, hindert ihn, seine Drohung gegen Lohmann, Kieselack und von Ertzum wahrzumachen. Unrat „ahnte nicht, was Kieselack und von Ertzum für Angst ausstanden; aber auch sie ahnten nichts von seiner“. (66)

Machtfrage: Verdrängung Lohmanns

Die Verdrängung Lohmanns wird für ihn zu einer „Machtfrage“, zu einer „Angelegenheit seiner Selbstachtung“. Nur halbbewußt ist ihm die Erkenntnis, daß er Lohmann nicht nur verdrängen will, sondern daß er vielmehr „selbst [...] bei der Künstlerin sitzen“ wollte (67). So sucht Unrat schon am frühen Abend den „Blauen Engel“ auf, „um der erste zu sein im Kabuff“ (67), in dem sich die Künstler noch nicht eingefunden haben.

Rache mit dem Notenbuch

Unrat nutzt die Zeit, indem er Noten in sein Heft einträgt. Kieselack, von Ertzum und Lohmann erhalten die vorläufige Endnote „ungenügend“ – „und Unrats Mund [war] gekrümmt von Rachsucht“. (68)

Von Guste Kiepert, die mittlerweile eingetreten ist, erfährt Unrat einiges aus Rosas Leben. Rosas Gutmütigkeit und „pure Menschenliebe“ sei schon immer von übelwollenden Männern ausgenutzt worden. Unrats Eitelkeit geschickt berechnend, versucht sie, ihn ihrem ‚Schützling‘ Rosa näherzubringen:

> „da muß doch'n genereeser Mann, der noch gut erhalten is und auch wirklich Herz hat für so'n Mädchen, der muß doch 'n bedeutend tiefern Eindruck machen, sag ich“. (69)

Rosas Absichten

Verlegen und gleichzeitig geschmeichelt, wehrt Unrat ab. Nun erscheint auch Rosa, erfreut, aber keineswegs erstaunt, Unrat wieder in der Garderobe anzutreffen; sie ist insgeheim entschlossen, Unrat an sich zu binden: Sie „lächelte von unten diebisch nach Unrat“. (70) In dieser ihm noch fremden Halbwelt gerät Unrat unvermittelt in die Sphäre intimer Körperlichkeit. Er sieht nicht nur die beleibte Guste halbentblößt in ihrer Unterwäsche; er wird darüber hinaus genötigt, Rosa beim Umkleiden behilflich zu sein:

> „Unrat aber war es, als flüstere an seinem Ohr eine erste Offenbarung von Mysterien, bedenklichen Sachlagen unter der gut bürgerlichen Oberfläche, die sich vor den Augen der Polizei auf der Straße zeigt. Und er fühlte einen Stolz, der Angst enthielt.“ (73)

Erotische Mysterien

Mit Schrecken und Verzückung zugleich findet Unrat Rosas intimstes Kleidungsstück in seinen Händen – „es fühlte sich merkwürdig warm an, war wie ein Tier“ (73) –, und Rosa gesteht ihm in wohlkalkulierter Freimütigkeit: „ich möcht wohl wissen, wie Sie mich gebaut finden?“ (73) Der Gymnasialprofessor scheint vollends in ihren erotischen Bann geraten, wenn er sich widerspruchslos von ihr als „kleines Ferkel“ bezeichnen läßt.

Im Bann des Eros

Da er Zeuge der Verwandlung Rosas vor dem Spiegel sein darf und „eingeweiht“ wird in das Geheimnis, wie mittels Puder und Schminke „Schönheit, Lust, Seele“ entstehen, fühlt sich Unrat als ein unter vielen Auserwählter. Bei Rosas anschließendem Bühnenauftritt bekommt Unrats neues Verhältnis zu Rosa deutliche Konturen. Da Rosa mit einem neuen und anspruchsvolleren Lied – Unrat ahnt nicht, daß Lohmann das Lied verfaßt hat – den Unwillen des Publikums erregt, gerät Unrat in Rage:

Neues Selbstbewußtsein:

– Auserwählter

> „Unrat fühlte, wie ihm schwindelnd seine Wut zu Kopf schoß, seine von Angst durchjagte Tyrannenwut. Die Künstlerin Fröhlich war seine Angelegenheit. Er hatte sie genehmigt, folgte aus den Kulissen ihren Leistungen, war mit ihr verknüpft und führte sie gewissermaßen selber vor! Man vergriff sich an ihm selbst, wenn man sich unterstand, sie nicht gelten zu lassen.“ (77)

– Herrscher

Im Publikum, das ihm zur verachtungswürdigen „Gosse“ wird, entdeckt er die „Widerspenstigen aus alten Jahrgängen“. Verzweifelt wird ihm bewußt, daß er keine Macht hat über den Geschmack der verachteten Menge. Ohnmächtig in seinem „despotischen Trieb“ „wand er sich unter der Begierde, so einen Schädel einmal aufzuschlagen und den Schönheitssinn darin mit krummen Fingern zurechtzurücken“. (77)

Keine Macht über das Publikum

Rosas Anpassungsvermögen

Rosa selbst weiß sehr wohl, wie sie auf die Ablehnung der „Affen“ (75) zu reagieren hat: sie paßt sich deren Erwartungen wieder an und gewinnt auch prompt Gunst und Applaus zurück, sobald sie ihr bekanntes, anzüglich-triviales Lied intoniert: „Wail iesch noch so klain uhnd so uhnschuhldiesch bin“. Nach diesem eben noch ‚geretteten‘ Auftritt fordert die ‚unschuldige‘ Rosa Unrat recht ungeniert auf, doch Sekt und Kuchen für die Künstler zu bestellen. Unrat empfindet die größte Genugtuung „bei jedem Glas, das eingeschenkt ward: dies sei *sein* Glas, in diesem habe Lohmann nichts dreinzureden“ (79), und wenig später „errötete [er] vor Befriedigung: denn die Künstlerin hatte Lohmanns Sträuße verbrannt“. (80) In seinem tief empfundenen Triumph über Lohmann verspricht er Rosa, daß nur er selbst ihr künftig Geschenke machen und sogar Lieder für sie verfassen werde, damit sie nur nicht mehr Lohmanns Lied singe.

Rosas Ansprüche

Triumph über Lohmann

Unrat beendet das Zusammensein mit Rosa in höchster Glückseligkeit. Da Rosa ihm schluchzend gestanden hat, daß sich unter ihrer „glänzende[n] Außenseite“ „nichts als graues Elend“ verberge, gelobt er der schon schlafenden Künstlerin: „Ich werde versuchen, Sie durchzubringen.“ Der Erzähler weiß um die Einzigartigkeit dieses rührenden Versprechens:

Unrats unerwartete Menschlichkeit

> „Dies konnte ein Lehrer vor der Versetzung zu einem Schüler sagen, dem er wohlwollte, oder er konnte es über ihn denken. Aber Unrat hatte es noch zu keinem gesagt und von keinem gedacht.“ (82)

7. Kapitel

Vernachlässigung der Schule

Am nächsten Morgen erleben die Schüler der Untersekunda einen merklich veränderten Professor Unrat. Dieser ist nicht nur zu spät gekommen; er nimmt nicht einmal Anstoß am allgemeinen „Unrat“-Gebrüll der Klasse. Völlig konfus, „giftsprühend“ und „mit geradezu kränklicher Grillenhaftigkeit“ hält er den Unterricht, ständig bemüht,

Kieselack, von Ertzum und Lohmann zu ignorieren – dabei „dachte [er] nur an sie". Die Ungewißheit über das, was die Schüler über ihn wußten, und die quälende Unsicherheit, ob sie nach seinem Weggang aus der Künstlergarderobe nicht vielleicht doch noch dort aufgetaucht sind, rauben ihm seine klare Besinnung. Die „drei Verworfenen" ihrerseits empören sich, daß Unrat die von ihnen allen begehrte Sängerin „betrunken gemacht" (83) habe. Mit „verächtliche[r] Selbstverständlichkeit" verabreden sie sich für den Abend erneut im Blauen Engel.

Dienst in der Garderobe

Für Unrat werden die Besuche in der Künstlergarderobe des Vergnügungslokals zu einer täglich erfreulicher werdenden „Pflicht"; für die Künstlerin Rosa Fröhlich wird Unrats Erscheinen zu einem Dienst, den sie bald mit großer Selbstverständlichkeit hinnimmt und fordert. Sie bewundert und lobt seine überaus rasch ausgebildete Geschicklichkeit beim Schminken ihres Gesichtes – weshalb Unrat in kindlicher Schadenfreude nun den entscheidenden Vorteil gegen seinen Rivalen Lohmann gewonnen zu haben glaubt: „Lohmann durfte nicht mehr hoffen, ihn zu ersetzen [...] Ja, wenn Lohmann durch eifrigeres Memorieren der aufgegebenen Homerverse sein Gedächtnis geübt hätte! Nun stellten sich die Folgen dieses Müßiggangs heraus." (85) Das Verhalten Unrats, der „wie eine große schwarze Spinne" durch die schmutzige Wäsche auf dem Fußboden kriecht, wird immer absonderlicher. Er erleidet klaglos die wechselnden Stimmungen seiner launischen Gebieterin. Als sie ihn einmal gar ohrfeigt und dabei bemerkt, daß er die Kunst des Schminkens heimlich an sich selbst geübt hat, lacht sie den „hilflos" errötenden Unrat verletzend aus und nennt ihn dabei erstmals bei seinem Spottnamen: „Oh Sie – Unrat!" (86) Zuerst ist dieser „entsetzt", doch dann „lächelte er glücklich":

Schülerhaftes Konkurrenzverhalten

Rosas Launen

Lust und Schmerz: Rosa gibt Unrat ‚seinen Namen'

> „es schüttelte ihn heftig um, aber nicht peinlich, sondern zu Lustgefühl. Dies gab ihm einen kurzen Verdacht und eine schwache Scham ein, wieso es ihn glücklich machen könne, daß die Künstlerin Fröhlich ihn bei seinem nichtswürdi-

gen Namen nenne. Aber er war nun einmal glücklich." (86)

Schließlich stellt Rosa fest, daß sie zu Unrat in einem ganz besonderen Verhältnis stehe und stellt ihm „ganz vertieft" die Frage: „Aber was soll es, was *wollen* Sie?" (87)

8. Kapitel

Über diese Frage Rosas hat Unrat selbst noch nicht nachgedacht. Vielmehr treibt ihn eine übersteigerte „Furcht" vor seinen drei widersetzlichen Schülern zu immer absonderlicheren Maßnahmen.

Examen vor dem Blauen Engel

Vor dem Blauen Engel fordert er sie zum Examen über den eben erlebten „Kunstgenuß", mit dem Hinweis, sie könnten auf diese Weise ihre Zeugnisnoten noch verbessern. Lohmann muß sich Unrats höchst herablassende Würdigung seines Liedes vom runden Mond anhören. Obwohl „erschreckt und erbittert, weil Unrat ein Stück von seiner Seele zwischen seinen dürren Fingern umwendete" (88), kann sich Lohmann in diesem Gespräch gegen Unrat behaupten, indem er jede ernste Absicht des Liedes leugnet und es selbst als „frivoles Machwerk" bezeichnet.

Literarischer Disput mit Lohmann

Seiner Kritik, daß der von Unrat favorisierte Homer durch den zeitgenössischen Schriftsteller Zola poetisch „längst überboten" sei und seinem Eintreten für den Dichter Heinrich Heine steht Unrat zwar in heller Empörung, aber dennoch hilflos gegenüber. Nun wendet Unrat sich dem in weniger behüteten Verhältnissen lebenden Kieselack zu. – „Sein Vater war ein des Nachts beschäftigter Hafenbeamter." (88) Kieselack versichert eilfertig, daß seine Großmutter ihn auch des Nachts streng beaufsichtige.

In ohnmächtiger Wut ringt von Ertzum mit dem Gedanken, Unrat im Schutze der Dunkelheit einfach niederzuschlagen. Lohmann kann ihn jedoch leicht davon abhalten:

Von Ertzums ohnmächtige Wut

„Hast du Lust, nach geschehener Tat mit dem alten Unrat zusammen in der Zeitung zu stehn? Wie kompromittierend!" (90) Im Inneren verachtete Lohmann von Ertzum ein wenig „wegen seiner Ungefährlichkeit". Aber wirklich „unzufrieden" wird Lohmann erst, als von Ertzum ihm anvertraut, daß er seit Sonntag „ein verzweifelter Mensch" sei – hatte Rosa sich doch durch von Ertzums Liebesbekenntnis nicht beeindrucken lassen. Lohmann sieht sich „in seiner Leidenschaft um Dora Breetpoot verletzt, weil nun auch Ertzum dank dieser lächerlichen Fröhlich in eine tragische Rolle geriet". (91)

Lohmann beansprucht Tragik-Monopol

Unrat findet in dieser Nacht erst „den Mut, sich schlafen zu legen" (92), nachdem er seine drei Schüler persönlich nach Hause geleitet hat und sie in ihren Betten weiß.

9. Kapitel

Aufgrund seiner sichtlich herausgehobenen Stellung in der Künstlergarderobe und durch seine eifersüchtige Abschirmung der Künstlerin Rosa Fröhlich gegen alle Verehrer und Bewerber ist Unrat im Blauen Engel mit der Zeit zu einer notgedrungen respektierten Autorität geworden. Gleichzeitig jedoch verbreiten die Abgewiesenen aus Neid Gerüchte über Unrats bedenklichen Lebenswandel.

Gerüchte über Unrats Lebenswandel

Bald stellt ein Kollege Nachforschungen über ihn an und erinnert ihn eindringlich an die „Würde des Erzieherstandes". Diesen „unglaublichen Eingriff in seine Machtvollkommenheit" weist Unrat entschieden zurück: „Meine Würde - aufgemerkt nun also! – gehört mir selbst ganz allein." (93) Später bedauert er, die „hoch über der Menschheit" thronende Künstlerin nicht offensiver verteidigt zu haben.

Unrats Selbstbewußtsein

Etwas wie ein „Rausch" überkommt ihn am kommenden Wahlsonntag: In seinem Haß auf die „dünkelhaften Oberen" erscheint es ihm nun geboten, „den Pöbel in den Palast zu rufen", und er solidarisiert sich mit den sonst von ihm belächelten und verdammten Sozialdemokraten – „Die Macht der Kaste, der Lohmann angehörte, so entdeckte er, war eine zu brechende." (93)

Verirrung zu den Sozialdemokraten

Schon am nächsten Tag bereut er nicht nur seine

politische Verirrung, sondern vor allem auch, Rosa zu dieser Zeit zu wenig beaufsichtigt zu haben. Er verdächtigt sie, die Zeit mit Lohmann verbracht zu haben, und beschuldigt vor allem Guste Kiepert, ihrer Aufsichtspflicht über die ihr „anbefohlene[.] Künstlerin" nicht nachgekommen zu sein. Je mehr er Rosa Fröhlich zur unerreichbaren Künstlerin stilisiert, um so mehr verachtet er die Kunst des Artistenehepaares. Zudem drängt die Artistin Rosa immer wieder, sich möglichst bald einen zahlungskräftigen Freier zu suchen, damit sie ihr endlich die geliehene Geldsumme von 270 Mark zurückzahlen könne. Rosa ‚rächt' sich für diese Zumutung, indem sie nach dem Vortrag des kriegerischen Flottenliedes durch das Artistenehepaar unprogrammgemäß auf der Bühne erscheint und das Lied um eine ordinäre Strophe ergänzt. Bedingungslos und ohne jegliches Verständnis für Gustes Klage, Rosa „verulke [...] uns die heiligsten Güter", stellt sich Unrat schützend vor die Künstlerin – „das heiligste der Güter sei das Talent der Künstlerin Fröhlich". (97)

Vereinnahmung und Verabsolutierung Rosas

Die Spannungen erreichen ihren Höhepunkt, als Unrat unmittelbar darauf auch noch einen von Kiepert herbeigeschafften, gerade durch Versicherungsbetrug reich gewordenen Freier polternd und schulmeisterlich aus der Garderobe befördert. Guste Kiepert hält ihm nun vor, daß er keinerlei Recht habe, andere Verehrer Rosas abzuweisen, da er selber weder Geld beibringe noch Rosas legitime sexuelle Bedürfnisse befriedige.

Unrats materielle und sexuelle Verpflichtungen

So offen von der Artistin über die Erfordernisse von „Moral und Sitte" belehrt, verspricht Unrat der Künstlerin Rosa Fröhlich nun, ihr eine Wohnung zu bezahlen und läßt sich darauf von Rosa mit aufs Zimmer nehmen. Rosas Worte sind unmißverständlich: „Na, nu gehn Sie man voraus. Die Affen im Saal brauchen es ja nicht gleich zu merken." (101)

Erster sexueller Kontakt

10. Kapitel

Der Schüler Kieselack hat es aber dennoch bemerkt – „Nu is es soweit!“ – und folgt ihnen heimlich durchs Treppenhaus bis vor die Tür zu Rosas Zimmer (das er selbst bereits von innen kennt). Während er nun durchs Schlüsselloch Zeuge des ersten intimen Zusammenseins von Unrat und Rosa ist und gelegentlich seinen Kameraden von Ertzum und Lohmann in aufgeregten Gesten stumm Bericht erstattet, wird von Ertzum von der Vorstellung gequält, daß die reine Seele Rosas durch Unrat arg beschmutzt werde. Lohmann ist auch jetzt wieder nur der zynische Zuschauer, der mit Rosa im Grunde genußvoll seine unerreichbare Geliebte Dora Breetpoot in den Schmutz gezogen sieht: „Auf Seele kommt es bei dem, was sie momentan betreibt, nicht eben an. Sie handelt schlicht weiblich.“ (102)

Kieselacks Schlüsselloch-perspektive

Von Ertzums Qual

Lohmanns Zynismus

Lohmann und von Ertzum, die den Blauen Engel bereits verlassen haben, werden von Kieselack zurückgeholt. Dieser hat bereits das Publikum im Saal über das neue Verhältnis Unrats zu Rosa informiert und kann seine Freunde überreden, nun zu dritt den Brautleuten im Kabuff ihre Aufwartung zu machen, um mit Unrat noch „Schindluder“ zu treiben. Obwohl Lohmann dieses Vorhaben für „geschmacklos“ hält, schließt er sich an.

Aufwartung bei den Brautleuten

Im Kabuff werden sie von dem „in eines verschmolzen[en]“ Paar zunächst ignoriert, dann in genüßlicher Herablassung empfangen. Unrat gedenkt, seinen Triumph als „Alleinherrscher im Kabuff“ nun gebührend auszukosten:

Unrats Triumph über Lohmann

> „Lohmann der Schlimmste, dessen Eleganz eine Demütigung war für die schlecht bezahlte Autorität; Lohmann, der die Unverschämtheit hatte, Unrat nicht bei seinem Namen zu nennen; Lohmann, der kein mausgrauer, unterworfener Schüler und kein dummer Kerl war, sondern mit seinen unbeteiligten Manieren, seinem neugierigen Bedauern beim Zorn des Lehrers, den Tyrannen *anzweifelte:* – zu allen den Nebendingen, mit denen dieser Lohmann sich abgab, hatte er die Künstlerin Fröhlich hinzuzufügen versucht. Hier aber war er gescheitert an Unrats ehernem Willen.“ (104)

Unrats Triumph über Rosa

Während Unrat bei aller äußerlichen Derangiertheit „förmlich verjüngt“ (104) wirkt, erzeugt Rosas müdes Aussehen bei allen Anwesenden eher Unbehagen, „weil es ein allzu entschiedener Triumph Unrats war“ (104). Dieser bemüht sich nun nach Kräften, die Gratulanten zu demütigen und zu beschämen. Kieselack, als der Unverschämteste, vermag sich diesen boshaften Anstrengungen Unrats zu entziehen und wagt seinerseits sogar den Versuch, Rosa zu erneuten Intimitäten zu erpressen – was ihm aber nur ihre lakonische Bemerkung „Rotztulpe“ einträgt.

Erniedrigung von Ertzums

Der schwerfällige und geistig weniger bewegliche von Ertzum läßt sich widerstandslos von Unrat erniedrigen und nötigen, zur Belustigung der Anwesenden Gesangbuchverse zu rezitieren. Da Kiepert sich über ihn allzu lustig macht, beginnt von Ertzum mit ihm einen wüsten Ringkampf. Derweil fühlt sich Unrat endlich sicher genug, auch Lohmann zu attackieren. Unter schlimmsten Drohungen, „gepackt vom Schwindel des bedrohten Tyrannen“ (108), erreicht er es schließlich, Lohmann zum Wegwerfen seiner Zigarette zu bewegen. Dennoch fühlt sich Lohmann ihm überlegen: Er spielt offen auf Unrats heikle Lage an – „Die Situation ist ungewöhnlich – für uns beide, Herr Professor“ (108) –, und er folgt der Anweisung Unrats nur, damit dieser nicht, wie angedroht, auf der Stelle seinen Vater aufsuche – sind dort doch gerade an diesem Abend Konsul Breetpoot und dessen seit kurzer Zeit schwangere Gattin zu Gast.

Demütigung Lohmanns

Doch mit dem Wegwerfen der Zigarette ist der Machtkampf zwischen Lehrer und Schüler bereits symbolisch entschieden: Mit sadistischer Freude mokiert sich Unrat über Lohmanns „unglückliche Liebe“. Auch Rosa, obwohl sie durchaus Gefallen an Lohmann gefunden hat und „sich mehr von ihm [wünschte]“ als nur seine Huldigungsverse, stimmt hämisch in Unrats verletzende Schmähungen ein: „ ‚Jawoll‘, sagte auch Rosa. ‚Es stimmt, und jedes Wort sitzt.‘ “ (110)

Lohmann war angesichts dieser Erniedrigung gleich entschlossen, sich zu erschießen, da er Un-

rats höhnische Anspielungen auf seine heimliche Liebe zu Dora Breetpoot bezogen hat. Nicht ohne eine gewisse Enttäuschung und mit dem Gefühl der Entwürdigung wird ihm bald klar, daß Unrat nicht Dora Breetpoot, sondern Rosa Fröhlich meinte.
In einer Rückbesinnung vor Kieselack und von Ertzum kommt Lohmann zu einer neuen und überraschenden Einschätzung Unrats:

Lohmanns neues Bild von Unrat: interessanter Anarchist

> „Dieser Unrat fängt an, mich zu beschäftigen: er ist eigentlich eine interessante Ausnahme. Bedenke, unter welchen Umständen er handelt, was er alles gegen sich auf die Beine bringt. Dazu muß man ein Selbstbewußtsein haben, scheint mir – ich für meine Person brächte so eines nicht auf. Es muß in einem ein Stück Anarchist stekken [...]" (111f)

Hat Lohmann bereits eine beträchtliche innere Distanz zu dem Geschehenen gewonnen, so versucht von Ertzum lediglich, seine schmerzlichen Erfahrungen und Einsichten zu verdrängen, um weiter an die Reinheit Rosa Fröhlichs glauben zu können, die für ihn trotz allem „auf einem unzugänglichen Wolkenthron" (112) sitzt.

11. Kapitel

Finanzielle Aufwendungen für Rosa

Obwohl es immer wieder der hartnäckigen Anstöße Rosas bedarf, Unrat zu finanziellen Leistungen für sie zu bewegen – Wohnung, Essen im Hotel etc. –, ist Unrat dennoch froh, sie auf diese Weise „aus ihrer Umgebung noch weiter heraus und fester an sich zu ziehen" (114). Vorerst weigert sich Rosa zu Unrats großer Enttäuschung allerdings noch, sich in der Öffentlichkeit mit ihm zu zeigen. Da sie glaubt, daß Gerüchte über ihren Lebenswandel ihn irritieren könnten, läßt sie Unrat über ihr Vorleben im Unklaren.
Doch Unrat trotzt wehrhaft und kampfeslustig allen Anfechtungen. Sein ‚bürgerliches' Leben am Schulvormittag ist ihm nur noch eine qualvolle Durchgangsstation zu seinem eigentlichen Leben nach Schulschluß. Von seinen Kollegen gemieden,

belächelt oder offen verabscheut, von seinen Schülern mißachtet und inzwischen ohne jede Hemmung laut als „Unrat“ verhöhnt – v.a. Lohmann, von Ertzum und Kieselack nutzen ihre Unangreifbarkeit schamlos aus –, muß sich Unrat schließlich vor dem Direktor des Gymnasiums für die „sittliche Auflösung“ seiner Klasse verantworten. An seine Vorbildfunktion erinnert, rechtfertigt sich Unrat selbstbewußt, auch der Athener Perikles habe eine Geliebte gehabt. Vollends die Sprache verschlägt es dem Direktor, als sich Unrat auf das humanistische Bildungsideal beruft:

Sittliche Ermahnung durch den Direktor

> „Ich würde mein Leben – immer mal wieder – für nichts erachten, wenn ich den Schülern die klassischen Ideale nur vorerzählte wie müßige Märchen. Der humanistisch Gebildete darf des sittlichen Aberglaubens der niederen Stände billig entraten.“ (117)

Unrats Selbstbewußtsein im Zenit

Unrat verteidigt sein neues Leben offensiv. Alle, die Bedenken an seinem Lebenswandel anmelden – so seine Wirtschafterin, eine von ihm beauftragte Schneiderin oder der Schuhmachermeister Rindfleisch –, werden von ihm gelassen und ironisch abgefertigt. Doch von der Höhe seines Selbstbewußtseins stürzt Unrat schon bald in die Tiefe persönlicher Enttäuschung und sozialer Ächtung.

Hünengrabaffaire

Kieselacks falsches Spiel

Wie der Leser – nicht aber Unrat – bereits weiß, hatte Rosa an jenem Sonntag, den Unrat im Hauptquartier der Sozialdemokraten verbrachte, mit Kieselack, Lohmann und von Ertzum eine Landpartie unternommen, bei der von Ertzum in seinem jugendlichen Liebesgram ein kulturgeschichtlich bedeutsames Hünengrab zerstörte. Alle drei Schüler müssen sich schließlich vor Gericht verantworten. Kieselack spielt hier eine höchst zweifelhafte Rolle. Da ihm Straffreiheit zugesagt und sogar eine Geldbelohnung in Aussicht gestellt worden war, hat er sich der Polizei gestellt. Nachdem er nun aber dennoch gerichtlich belangt wird, leugnet er jede persönliche Schuld, bezichtigt vielmehr die bisher nicht in den Prozeß verwickelte Rosa Fröhlich, die eigentliche Anstifterin zur Zerstörung des Hünengrabes gewesen zu sein. Der Anklagebehörde ist diese Ausweitung des Täterkreises nur recht. Hätte sie geahnt, daß die Söhne und Mündel hochstehender Patrizier die Verantwortung für die Straftat tragen – und nicht lediglich „Burschen vom Schlag des Kieselack" –, hätte sie die Anklage gar nicht erst erhoben.

Klassenjustiz

Kieselack gelingt es in seinem hinterlistigen Streich auch, Unrat in die Affäre hineinzuziehen. Unrat könne kompetente Aussagen zur Person der Künstlerin machen: „Fragen Sie man Herrn Professor! Der kennt sie am besten." (122) Unrat, höchst peinlich befragt, ob die zur Zeit noch nicht anwesende Künstlerin Rosa Fröhlich ihm an jenem Sonntag tatsächlich „durchgegangen" sei, bestreitet unter Eid die Teilnahme Rosas an der Landpartie. In kluger Berechnung der Gemütslage Unrats fordert Lohmanns Anwalt den Gymnasialprofessor nun auf, die drei angeklagten Schüler aus seiner Kenntnis zu charakterisieren. Unrat läßt sich daraufhin zu einer ihn selbst mehr als seine Schüler belastenden Schmährede hinreißen. Zudem geißelt er in blinder Wut und ohne Rücksicht auf die anwesenden Konsuln Lohmann und Breetpoot nicht nur von Ertzums „mißratenen Onkel", sondern auch den „ideallosen Gelddünkel der städtischen Patrizier" und ruft Lohmann erneut zu, „daß die Macht seiner Kaste eine zu brechende sei!" (125)

Peinlicher Eklat: Unrats Schmährede

Unrats peinlicher Auftritt wird vom Vorsitzenden beendet, und die inzwischen herbeigeholte Rosa Fröhlich muß sich nun zu den Vorwürfen gegen sie äußern. Freimütig gesteht sie, an der Landpartie teilgenommen zu haben, ohne damit allerdings irgendeine Verantworung übernehmen zu wollen – „Was sie mit dem ollen Hünengrab gemacht haben [...] das is mir dunkel und kann es auch bleiben" (126). In der Absicht, Unrat auf dem Umwege über ihre Gerichtsvernehmung gleich ein paar schmerzliche Wahrheiten mitzuteilen, gibt sie nicht nur preis, daß von Ertzum ihr einen Heiratsantrag gemacht habe, sondern offenbart auch ihre sexuellen Kontakte zu Kieselack. Ihre Beziehung zu Lohmann bestimmt sie

Rosas Bekenntnisse

doppeldeutig in der Feststellung, Lohmann „werde ihr immer der letzte sein" (127).
Zutiefst getroffen und im Innersten verletzt, hat sich Unrat „während der allgemeinen Heiterkeit mit langen Schritten davongeschlichen" (127). Er sieht sich von der Künstlerin Fröhlich getäuscht, verraten und verlassen – „Die Künstlerin Rosa Fröhlich gehörte jedem" (128) –, und er weiß sich vernichtet in dem Bewußtsein, den Schüler Lohmann doch nicht verdrängt und überwunden zu haben.

Unrats Sturz in die Tiefe: Sieg Lohmanns

12. Kapitel

Nach dem Prozeß befindet sich Unrat auf dem Tiefpunkt seiner Existenz. Nur noch „kraft eines Restes von staatserhaltender Gewohnheit" erscheint Unrat im Gymnasium, wo er für Kollegen und Schüler eigentlich nicht mehr existiert. In der Stadt ist Unrat seit dem Prozeß eine skurrile „Sehenswürdigkeit" für Touristen geworden: Die braven Brüger quittieren seine unrühmliche Entwicklung mit fassungslosem Kopfschütteln; die „unzufriedenen Bürger" stilisieren ihn zu einem Vorkämpfer der „Emanzipation" und versuchen, ihn für sich zu gewinnen.

Depressionen

Unrat selbst nimmt alle Bekundungen von Sympathie oder Antipathie teilnahmslos und gleichmütig hin. In „martervoller Rachgier" ersehnt er lediglich das Ende der Künstlerin Fröhlich. Im Schutze der nächtlichen Finsternis jedoch zieht es ihn zuweilen vor das Hotel, in dem er ihr ein Zimmer eingerichtet hat. Hier begegnet ihm eines Nachts der Schüler Lohmann, den keineswegs das Interesse an Rosa hergeführt hat. Vielmehr kommt er kummervoll von der verschlossenen Tür des Breetpootschen Hauses, wo seine heimlich geliebte Dora gerade entbunden hat. Unrat überschüttet ihn unversehens – „mit den Augen einer wütenden Katze" – mit einer Fülle von Verdächtigungen und Verwünschungen. Lohmann verzichtet jedoch darauf, in gleicher Weise zu kontern. Wiederum sieht er in Unrat vor allem „den

Haß auf Rosa

Begegnung mit Lohmann

interessanten Anarchisten", den „Allerweltsfeind", für den er „Mitleid und auch eine Art von zurückhaltender Sympathie" empfindet (131).

Folgen des Hünengrabprozesses

Wenige Tage später offenbaren sich die Folgen des Hünengrabfrevels und vor allem des anschließenden Prozesses: Lohmann bleibt dank der Protektion seines Vaters Schüler des Gymnasiums; Kieselack hingegen wird, vor allem wegen seiner bekanntgewordenen Beziehung zur Künstlerin Fröhlich, der Schule verwiesen; von Ertzum verläßt die Schule freiwillig, und Unrat wird – er selbst hat es längst vorausgesehen – entlassen.

Entlassung aus dem Schuldienst

„Unbeschäftigt und planlos" verbringt Unrat nun seine Zeit. Eine wichtige Veränderung in seinem Leben bringt bald ein Besuch des Pastors Quittjens. Quittjens

> „hatte zugesehen, wie hier jemand immer tiefer in Sünde und Verlegenheit hineinritt. Jetzt, da der Mann am Boden lag, war er der Meinung, daß für das Christentum etwas zu machen sei". (132)

Selbstgerechtigkeit und Heuchelei des Pastors

Der Pastor stellt Unrats „Wiederaufnahme bei den Besseren" (132) in Aussicht, d.h. seine Aufnahme in einen Kegelklub oder einen politischen Verein. Voraussetzung wäre allerdings Unrats Bereitschaft zur Reue und zur Beendigung seiner Verirrungen.

Quittjens geißelt die Sündhaftigkeit der Welt, geniert sich aber nicht, eigene amouröse Erfahrungen mit Halbweltdamen anzudeuten: „Man sei ja auch kein Frosch gewesen, huhu." (133)

Wendepunkt: Loyalität zu Rosa

Doch Unrat fühlt sich in seinem persönlichen Ehrgefühl verletzt, da Quittjens von Rosa als einem jener „Dämchen" spricht, derer man sich wohl stillschweigend bedienen dürfe, die es aber „dann doch nicht wert [seien], daß man seine Existenz und die von anderen Leuten auf den Kopf stelle" (134). Da die Künstlerin Fröhlich ganz allein „seine Angelegenheit" war, beansprucht Unrat nur für sich allein das Recht, sie in Frage zu stellen. In neu entbrannter „von Angst durchjagt[er] Tyrannenwut" setzt er den Pastor vor die Tür.

Unbeabsichtigt hat Quittjens einen folgenreichen Bewußtseinswandel Unrats bewirkt: Unrat wußte bisher nichts vom Schulverweis Kieselacks. Die beiläufige Bemerkung des Pastors, daß Unrat diesen ins Unglück gestürzt habe, und seine Warnung, Unrats Beispiel der Sittenlosigkeit könne andere ins Verderben führen, eröffnen ihm ungeahnte „Aussichten auf Rache", schien es doch möglich, daß sie „noch anderen Schülern zum Verderben gereichte" (135).

Aussichten auf Rache

Rosa steigt wieder in seinem Ansehen, weil sie Kieselack verführt und damit gleichzeitig auch „zum Verderben [...] geführt hatte" (134f). Hin- und hergerissen zwischen Eifersucht und Rachgier, erweist sich Unrats Rachgier als stärker: „Die Künstlerin Fröhlich war gerechtfertigt." (135)

Rechtfertigung Rosas als Verführerin

Doch vorerst kann sich Unrat das Verderben nur als Schulverweis vorstellen, und er bedauert, daß so viele derer, denen er es „nicht beweisen" konnte, die Schule bereits verlassen hatten.

Da Rosa nun „gerechtfertigt" ist, klopft Unrat schließlich an die Tür der Künstlerin, die selbst gerade im Begriff war, Unrat aufzusuchen – „nicht nur ihres Vorteils wegen, nein, auch aus Mitleid und auch aus Hochachtung" (136). „Von Farbe und Kraftlosigkeit des heftigsten Schamgefühls befallen", stellt Unrat Rosa seine „kühne Lebensauffassung" vor: Die „sogenannte Sittlichkeit" stellt für ihn lediglich eine Philistertugend dar – gleichzeitig aber auch ein sehr brauchbares Instrument zur Beherrschung von „Untertanenseelen". Zwar habe er sich „persönlich stets an den sittlichen Gepflogenheiten des Philisters beteiligt", da er keinen Anlaß sah, diese abzulegen, dennoch wisse er um deren beschränkte Gültigkeit. Ausdrücklich billigt er Rosa in ihrem Lebenskreise andere sittliche Maßstäbe zu, wenngleich ihn ihre Treulosigkeit sehr geschmerzt habe.

Unrats Lebensauffassung

Sittlichkeit und Herrschaft

Sittliche Toleranz gegenüber Rosa

Unrat hat erkannt, daß Rosas Verführungskünste für die Verführten gesellschaftliches Verderben bedeuten können. So ist es wohl weniger seine „kühne Lebensauffassung" als seine Aussicht auf baldige Rache an der Gesellschaft, die ihn bewegt, Rosa eine Vorwegabsolution für ihre zukünftigen Seitensprünge zu erteilen. Unrats sittliche Toleranz Rosa gegenüber hat allerdings eine Grenze: „Nur einen gibt es, den könnte ich dir nie verzeihen [...] Das ist Lohmann!" (138)

Ausnahme Lohmann

Gemeinsam erleben Unrat und Rosa nun „eine schöne Zeit" (139). Rosa geht jetzt ohne Bedenken und im Bewußtsein, seiner würdig zu sein, öffentlich an Unrats Seite. Unter den von Unrat „mit einer hinterhältigen Genugtuung" registrierten „neidisch-entrüsteten und übelwollend-begehrlichen Blicken" begeben sie sich „mitten unter die wohlhabende und ehrbare Gesellschaft" (139). Von Unrat hoch über die Menschheit erhoben, bemüht sich Rosa – allerdings ohne den rechten Erfolg – „ihrerseits den Mann recht hochzuschätzen" und zu lieben. Um ihm zu schmeicheln, nimmt sie bei ihm sogar Griechischunterricht. Gerührt von diesen Anstrengungen macht Unrat ihr einen förmlichen Heiratsantrag, den sie auch gleich annimmt: „Nu wer' ich Frau Unrat! Ich lach mir ja'n Ast" (140). In einer sehr geschickt inszenierten Begegnung gelingt es Rosa auch, Unrat zur Annahme ihrer ihm bislang verheimlichten Tochter zu bewegen.

Ehe mit Rosa

13. Kapitel

Im Kurort: Familie Raat ganz in Weiß

Eine Promenade der leuchtend weiß gekleideten jungen Familie Raat durch den nahe gelegenen Kurort an der Küste wird zu einem gesellschaftlichen Ereignis besonderer Art. Die attraktive, stets elegant und verführerisch erscheinende ehemalige Künstlerin Fröhlich sammelt rasch eine Schar wohlhabender Verehrer um sich. Obwohl alle Bewerber in Unrat nur ein lächerliches, schwächliches Hindernis auf dem Weg zu ihrem Ziele sehen, haben sie doch bei jeder Annäherung an Rosa das Gefühl, „hineingefallen" zu sein – und bislang vermochte Unrats Einfluß auf Rosa zu verhindern, daß irgendeiner sein Ziel erreichte. Unrat scheint keineswegs eifersüchtig: Wie einst

Blickfang Rosa

in der Künstlergarderobe macht er Rosa eigenhändig zurecht für das staunende Publikum. Rosa selbst „stellte alles auf den Kopf und stiftete Vergnügen und Empörung“ (142). Als ihr ein eifriger Bewerber am Tag der Abreise vom Geld seiner Verwandten eine teure Brosche schenkt, kommt es zu einem „lebhaften Zwischenfall“: Der Onkel des freigebigen Verehrers fordert lautstark das kostspielige Geschenk zurück. Mit großer Genugtuung bemerkt Unrat, daß es sich bei dem Geschädigten um den Vater von Schülern handelt, die er nie „fassen“ konnte. Und mit wohligem Staunen wird ihm bewußt, daß „Schaden und – traun fürwahr – äußerstes Verderben [...] sich also auch auf andere Weise bewirken [ließen] als durch Vertreibung von der Schule“ (145).

Neue Möglichkeit der Rache

Wieder zu Hause fehlt Rosa das gewohnte gesellschaftliche Treiben. „Die Pielemann“, eine zufällig entdeckte und eingeladene alte Bekannte Rosas, bringt nur vorübergehend Abwechslung und Zerstreuung. Zudem offenbart Unrat, daß durch Rosas aufwendiges Leben inzwischen alle seine Ersparnisse [in Höhe von 30 000 Mark] aufgebraucht seien und sogar Schulden gemacht werden mußten. Die Pielemann entscheidet nun, daß Unrat ihrem Freund Lorenzen Griechischstunden geben müsse – „Ich schick ihm meinen Freund. Den kann er meinetwegen ruppen.“ (147) Lorenzen handelt mit griechischen Weinen und braucht daher Griechischkenntnisse. Auch Weinhändler Lorenzen gehört zu jenen ehemaligen Schülern, die Unrat nie „fassen“ konnte, und „erregt und mit tückischem Lächeln“ wittert Unrat die Chance der späten Rache: „ ‚Ei, ei‘, bemerkte er dazwischen, ‚noch ist nichts verloren‘.“ (147)

Ökonomischer Abstieg

Nachhilfe für Exschüler Lorenzen

Fasziniert von der Dame des Hauses läßt Lorenzen seinen zunächst erhobenen „Anspruch auf überlegene Ironie“ bald fallen. Die Griechischstunden werden von Unrat sehr schnell umfunktioniert zu Festlichkeiten mit einer immer größer werdenden Besucherzahl – die Finanzierung dieser Geselligkeiten obliegt freilich den Gästen. Angesehene Mitglieder der „feinen bürgerlichen Gesellschaft“ stellen sich ein; selbst der aufstreben-

Rosas Macht

Illustre Gesellschaft im Hause Unrats

de Oberlehrer Richter, endlich verlobt „mit dem Mädchen aus reicher, Oberlehrern sonst unzugänglicher Familie“, buhlte ohne jede Zurückhaltung um die Gunst der Hausfrau. Die übertriebenen Schilderungen von Festteilnehmern und die lüsterne Phantasie braver Brüder und junger Mädchen in der Stadt führen zur Verbreitung von Gerüchten über „Unzucht“, erotische „Pfänderspiele“ und „Orgien“ im Hause Unrats.

Lüsterne Bürgerphantasien

Bald führt Lorenzen ein riskantes Glücksspiel ein, bei dem er selbst am meisten verliert. Auch Unrats Leben bewegt sich nun im Auf und Ab seiner Spielgewinne und -verluste. An einem Tag macht Rosa den riesigen Gewinn von 12 000 Mark, am nächsten Tag bereits haben die Gläubiger das gesamte Geld kassiert. Doch noch an diesem Unglückstag verbreitet sich die Neuigkeit, die Unrat über den Verlust hinwegtröstet: Der Weinhändler Lorenzen hat Bankrott gemacht. Unrat triumphiert:

Glücksspiel

> „Der Schüler Lorenzen ist nun gefaßt worden. Diesmal ist es mir gelungen, ihn zu fassen und ihn seinem wohlverdienten Schicksal auszuliefern.“ (152)

Unrats Triumph: Lorenzen ‚gefaßt‘

14. Kapitel

Unter den zahlreichen Gästen Unrats befindet sich auch der noch minderjährige Sohn des Oberlehrers Hübbenett, jenes Kollegen, der sich vor Jahren vor Unrats eigener Klasse über den „sittlichen Unrat, vielmehr Kot“ des auf Abwege geratenen Unratsohnes lustig gemacht hatte. Wütend taucht nun Hübbenett bei Unrat auf, ergreift seinen Sohn, der hohe Geldsummen verspielt hat, erhebt die schwersten Anschuldigungen gegen Unrat und droht Schritte an gegen diese „Zustände, die vermittels beraubter väterlicher Kassen und durch andere, aus Blut und Kot zusammengeknetete Mittel aufrechterhalten würden“ (153). Schnell klärt ein „beunruhigter Festteilnehmer“ Hübbenett auf, daß die anwesenden einflußreichen Gäste wie Konsul Breetpoot oder Polizeirat

Flad kaum an einer Abschaffung dieser Zustände interessiert seien. Erfreut, daß in Hübbenetts „Oberlehrerhause etwas nicht sein [mußte], wie es sein sollte“, und „siegstrahlend“ über Hübbenetts kleinlauten Abgang ruft Unrat seinem verhaßten Exkollegen noch höhnisch nach, er und sein Sohn seien in seinem Hause stets willkommene Gäste.

Triumph über Oberlehrer Hübbenett

Den Sommer verbringt Familie Raat wieder im nahe gelegenen Seebad. Dem zahlungskräftigen „Wirbelwind von Lebewelt im Gefolge Unrats“ stehen hier alle Türen offen. Noch launischer und egozentrischer als im Vorjahr gebietet Rosa Fröhlich über die Schar ihrer Verehrer. Ein ehemaliger Schüler Unrats soll, nach einem besonders opulenten Diner, auf ihren Wunsch und unter der heimtückischen Ermutigung durch Unrat zu einer entfernten Sandbank hinausschwimmen. Rosa und Unrat setzen sein Leben bewußt aufs Spiel. Zunächst scheint es, als habe der ehemalige Schüler Jakobi diesen Akt des Frauendienstes nicht überlebt:

Lockvogel Rosa

> „Er [Unrat] sah in das schlaffe, blutleere Gesicht des Schülers Jakobi und rief es sich zurück, wenn es höhnisch und aufrührerisch gewesen war. Das waren *die*. Da lagen sie und waren besiegt: gründlich besiegt. Darüber hinaus gab es keinen Sieg und keine Züchtigung. Eine leichte Bauchbeklemmung empfand er dabei. Der Triumphweg unter ihm geriet wieder ins Schwanken. Dem Tyrannen schwindelte es auf seinem wahnsinnigen Gipfel ... Aber Jakobi öffnete die Augen.“ (155)

Triumph über Jakobi: Rache bis in den Tod

Das nächste Opfer, das Unrat mittels seines ‚Lockvogels‘ Rosa zu Fall bringt, ist sein Exkollege Richter. Richter läßt sich, in blinder Unterwerfung unter Rosas Willen, zu einer ihn öffentlich kompromittierenden Verrücktheit hinreißen: Mit der betrunkenen Rosa reitet er, vor den Augen seiner Verlobten, auf einem Esel johlend über die Promenade; nachdem er gar eine Nacht mit Rosa verbracht hat, wird seine Verlobung mit der Tochter aus hohem Hause aufgelöst, und das Ende seiner beruflichen Karriere scheint besiegelt.

Triumph über Oberlehrer Richter

So sehr Unrat nun auch den jähen Sturz Richters genießt, so sehr „mußte er seinen Triumph bezahlen“ (158). In jener vergangenen Nacht, die Rosa mit Richter verbrachte, lag er schlaflos in seinem Bett und „krümmte [...] sich und begann zu wimmern“ (157) vor quälender Eifersucht.

Preis der Rache: Eifersucht

15. Kapitel

Unrats ‚Villa vorm Tor‘: Laster und Sünde

Unrat ist nach dem Sommerurlaub in seine „Villa vorm Tor“ zurückgekehrt, in das weithin bekannte und anerkannte Zentrum des gesellschaftlichen (Nacht)Lebens „dieser altertümlichen Stadt“. Die Villa, umgeben von einem geheimnisvollen „Fabelschimmer“, ist zu einem verheißungsvollen Ort des Lasters und der Sünde geworden, von dem sich nur wenige sittlich standhafte, kühle oder sparsame Bürger fernhalten. Reiche Kaufleute und einflußreiche Konsuln, hohe Leutnants und Assessoren, Pastor Quittjens und die Richter aus dem Hünengrabprozeß – alle ehrenwerten Bürger der besseren Gesellschaft geben sich hier ein Stelldichein „in der Erwartung besonderer, zweideutiger Verfeinerungen, eines unerhörten Mittelzustandes, wo die Liebe nicht gleich bar beglichen wurde und man sich trotzdem nicht langweilte“ (160f). Obwohl die Sitten immer loser werden und eine „Formlosigkeit im Vergnügen“ sich ausbreitet, hält die Herrin des Hauses doch auf Etikette: „Die Künstlerin Fröhlich betrieb den Ehebruch mit all der Umsicht und dem ganzen Zeremoniell der im Ernst verheirateten Frau.“ (161)

Sehnsüchte der Bürger

Händereibend sieht Unrat zu, wie in seinem Hause die besseren Herrschaften aus ihrer bürgerlichen Bahn geworfen werden und verderben, ertappt beim Ehebruch oder bei Wechselfälschungen, beim Falschspiel oder Geldraub. Hinterlistig spricht er Verdächtigungen aus und leitet Durchsuchungen der angesehensten Bürger ein:

Verheißung und Verderben

> „Sie hatten der Herrschergewalt sich zu widersetzen gewagt; nun mochten sie, losgelassen, sich gegenseitig die Rippen einschlagen und das Ge-

Vom Tyrannen zum Anarchisten

> nick umdrehn. Aus dem Tyrannen war endgültig der Anarchist herausgebrochen." (163)

Unrat gefällt sich „in seiner jetzigen jugendlichen Färbung" und betrachtet sich immer wieder eitel und selbstgefällig im Spiegel. Er erinnert sich der Nacht, in der er auf der Suche nach der Künstlerin Rosa Fröhlich durch die Stadt irrte und ihm von überallher „sein Name zugeworfen [ward] wie ein Stück Schmutz" (163). Nun nimmt er den Namen an, „setzte ihn sich auf wie einen Siegerkranz": „Jaja, ich bin ein rechter Unrat." (164) In kaltem Triumph schaut Unrat auf sein Vernichtungswerk, „die Entsittlichung einer Stadt" (165) und auf seine Opfer:

Spottname als Siegerkranz

> „Alles Opfer, die ihm brannten! Alle drängten sich, sie ihm anzuzünden, sich selbst ihm anzuzünden. Was sie hertrieb, war die Leere ihrer Gehirne, der Stumpfsinn der humanistisch nicht Gebildeten, ihre dumme Neugier, ihre mit Sittlichkeit schlecht zugedeckten Lüsternheiten, ihre Habgier, Brunst, Eitelkeit und zudem hundert verquickte Interessen." (164)

Totaler Triumph: Entsittlichung einer Stadt

16. Kapitel

Unrats Leiden: Liebe im Dienst des Hasses

In seinem siegreichen Zerstörungswerk kann Unrat, der „Menschenfeind", gleichwohl nicht glücklich sein. Er hat sich der Künstlerin Rosa Fröhlich „ausgeliefert" und sich dadurch geschwächt. Sie ist ihm mehr als ein „Instrument, die Schüler zu ‚fassen' und hineinzulegen" (165): Sie ist das Objekt seines „überreizt[en] Zärtlichkeitstrieb[es]" und seiner „Liebe, die sich auflehnte gegen den Dienst seines Hasses". (166)
Rosa kann sich Unrats Verhalten kaum erklären. Zwar empfindet sie seine eifersüchtigen und mißtrauischen Nachstellungen als „ordentlich aufregend", doch sein Inneres bleibt ihr fremd – Unrat selbst setzt sie ja mit seinen Empfehlungen auf gewisse Schüler an, die sie „totmachen" soll.
Aus diesem Widerspruch erwächst Unrats qualvolle Leidenschaft: „Seine Liebe, die er täglich verwunden mußte, um seinen Haß zu füttern, reizte diesen

Haß zu immer tollerem Fieber." (167) In seinem Bewußtsein wechselt das Bild der vor ihm „um Gnade flehenden Menschheit" ab mit der Schreckensvision der von Lohmann umarmten Rosa.

Schreckensvision: Lohmann bei Rosa

Da Unrat und Rosa bei aller Welt hoch verschuldet sind, ist es ihnen kaum noch möglich, sich auf der Straße zu zeigen, ohne von wütenden Gläubigern bedrängt zu werden. Zuweilen, wenn Rosa der „Hetzjagd mit Männern" überdrüssig ist, hält sie Unrat vor, daß sie bei all ihren Siegen immer weiter verarmten. Schließlich führe sie „dies blödsinnige Leben", damit ihre Tochter nicht so leben müsse wie sie, und nicht, „damit du deine Männekens klein kriegst" (168). Durch solche Worte zutiefst verletzt, wird Unrat schon am Abend durch ihre Zärtlichkeiten wieder beruhigt und gibt sich der Illusion hin, „es sei nie etwas Ernsthaftes vorgefallen".

Eine gewisse Ruhephase des Unratschen Bewußtseins wird beendet durch eine zufällige Begegnung mit Lohmann und von Ertzum auf der Straße. Zwar bemühen sich Unrat und Rosa, den Gedanken an die ehemaligen Schüler zu verdrängen, doch ist Unrat bereits wieder vom ‚Jagdfieber' ergriffen. Er vertraut Rosa an, wie es ihm gelungen sei, nach Kieselack nun endlich auch von Ertzum ins Verderben zu führen. Jetzt sei nur „der dritte [...] ein noch zu Fassender" (170). Seine eindringliche Beschwörung, daß aber nicht Rosa ihn „fassen" sollte, nimmt sie mit gemischten Gefühlen auf:

Begegnung mit Lohmann: Unrat im Jagdfieber

> „Er sagte es mit einer Art fürchterlichen Flehens, das sie noch nicht kannte, das sie grausig kitzelte, sie erwartungsvoll ängstigte, wie ein wildes Klopfen bei Nacht an ihrer Tür." (171)

Rosas Versuchung

17. Kapitel

Aufs sorgfältigste zurechtgemacht und mit „ein[em] bißchen Erwartungsfieber" provoziert Rosa am nächsten Morgen eine Begegnung mit Lohmann in der Stadt. Verborgen „vor den scharfen Augen der Kleinstädter" unterhalten sie sich

Zusammentreffen: Rosa – Lohmann

in einer Konditorei über die Entwicklungen der letzten zwei Jahre: Lohmann hat diese Zeit als Handelsschüler und Volontär in Brüssel und England verbracht.

Lohmanns Entwicklung

Im Stillen erinnert Lohmann sich seiner Jugend, der er sich nun entwachsen weiß. Nach einem Besuch bei Breetpoots fragt sich der zu einem „Herrn" gereifte Lohmann, wie „die kleine Provinzdame" Dora Breetpoot, welche „Dialektausdrücke" benutzt und recht geschmacklos die „Mode vom Vorjahr" trägt, ihn damals so sehr in ihren Bann ziehen konnte. Er verübelt ihr, daß ihr wirkliches Bild nicht mit seinem Wunschbild von ihr übereinstimmt, und verzeiht der „kleinen Snobdame" und mehrfachen Mutter nicht, daß sie die Spuren ihres wirtschaftlichen Abstiegs zu erkennen gibt. Lohmann hat sich in den letzten zwei Jahren kaum verändert:

> „Lohmann liebte die Dinge vor allem um ihres Nachklangs willen, die Liebe der Frauen nur wegen der ihr nachfolgenden bitteren Einsamkeit, das Glück höchstens der würgenden Sehnsucht zuliebe, die es in der Kehle zurückließ." (174)

Lohmanns analytischer Blick

Mit seiner „Liebhaberei für menschliche Seltsamkeiten" ist Lohmann angetan von Unrats Werdegang; noch „großartiger" aber findet er die Entwicklung Rosas „Von der Chanteuse des Blauen Engels zur *Demi-Mondaine* hohen Stils" (174), wobei ihm „das Kleinbürgerliche" ihrer Erscheinung natürlich nicht entgeht. Mit scharfem Blick analysiert er Rosas Erfolg in der Stadt: „Sie hatte sich als repräsentative Schönheit gebärdet, war allmählich dafür angesprochen worden und hatte es selbst wieder den Leuten geglaubt." (175) Mit gleichermaßen erstaunlicher Leichtigkeit und Treffsicherheit entwirft er der staunenden Rosa ein Psychogramm Unrats:

Psychogramm Unrats

> „Er ist ein Tyrann, der lieber untergeht, als eine Beschränkung duldet [...] Er ist der Erfinder der Majestätsbeleidigung [...] Der Menschenhaß wird in ihm zur zehrenden Qual [...] es braucht nur noch die Überreizung seiner Anlagen und Triebe, zum Beispiel durch eine Frau – und der Tyrann, von Panik erfaßt, ruft den Pöbel in den Palast,

> führt ihn zum Mordbrennen, verkündet die Anarchie!" (176)

Freilich glaubt Lohmann nicht, dem „alten, lächerlichen Unrat" mit dieser Beschreibung gerecht zu werden – „Dazu sah er ihn noch zu sehr aus der Perspektive von unterhalb des Katheders" (176). Es geht ihm schlicht darum, Rosa zu imponieren, was ihm auch gelingt („Er redete wieder so fein." 177) Vollends geblendet ist diese dann, als Lohmann ihr sachkundige Informationen zum letzten Stand der Kleidermode zu geben weiß. Von Lohmann unverblümt gefragt, ob er „wohl jetzt dran" sei, lädt Rosa ihn ein, sie doch am Nachmittag zu besuchen, wenn sonst niemand da sei.

Intime Verabredung

Lohmann folgt dieser Einladung, „melancholisch und stolz" darauf, „was das Leben aus einem machte" (179). Gleich bei seinem Eintritt in die Wohnung fertigt Lohmann einen lästigen Gläubiger mit der Zahlung der geforderten Schuldsumme von 50 Mark ab. Da er sich einmal in der peinlichen Situation sieht, für etwaige Dienste Rosas bezahlt zu haben, bietet er ihr großmütig an, gleich ihre sämtlichen Verbindlichkeiten zu übernehmen. Obwohl Rosa dies nach innerem Ringen ablehnt, weil sie „nicht gekauft sein [wollte]", legt er provozierend seine mit braunen Scheinen gefüllte Brieftasche geöffnet auf den Tisch. Verwirrt von Lohmanns unverschämtem Blick und irritiert von seiner Feststellung, die körperliche Liebe sei ihm „schlechthin widerlich" (181), sieht sich Rosa in der Situation Evas im Paradies: Gerade die verbotenen Früchte üben einen besonderen Reiz auf sie aus:

Lohmanns Gönnerhaftigkeit

> „Sie hatte sich Lohmann in den Kopf gesetzt: vor allem, weil alle ihr erlaubt waren, und dieser einzige nicht. Das war ja nicht auszuhalten." (180)

Als Rosa ihm sein eigenes Lied vom runden Mond vorsingt – sie „dachte sich dabei, daß dies das einzige Lied auf der Welt sei, das sie nicht singen dürfe" –, taucht plötzlich Unrat auf. Unrats Schreckensvision ist nun Wirklichkeit geworden:

Unrats Schrecken: Lohmann bei Rosa

Lohmann sitzt bei der Künstlerin Rosa Fröhlich. Unrat sieht „sein ganzes strafendes Vernichtungswerk“ (182) zerstört, und so „mußte [er] sie zum Tode verurteilen, und damit sich selbst“ (182).

Mordversuch Unrats

Dieser Logik folgend versucht Unrat Rosa zu erwürgen. Lohmann unternimmt einen zaghaften Versuch, ihn davon abzuhalten – „Er wußte nicht, ob ihm hier tatsächlich eine Rolle zufiel.“ (183) Da er immer nur „in seiner klugen Vorstellung“ von der Wirklichkeit gelebt hatte, weiß er sich in

Lohmanns „Furcht vor dem Wirklichen“

dieser wirklichen Gefahr nicht zu verhalten und hat „Furcht vor dem Wirklichen“ (183). Nachdem Unrat von Rosa abgelassen und diese sich ins Nebenzimmer geflüchtet hat, wendet er sich, fast sprachlos vor innerer Erregung und mit den Gebärden eines Wesens „zwischen Spinne und Katze“ (183), Lohmann zu und entreißt ihm die Brieftasche. Damit hat „der interessante Anarchist“ die entscheidende Grenze überschritten:

Raub der Brieftasche

> „Da geriet denn der Kommentator ins Stocken, dem Zuschauer versagte das wohlwollende Lächeln. Lohmanns Geist, der durch so unglaubwürdige Ereignisse noch nie erprobt worden war, warf alle Eigenart ab und antwortete auf ‚Verbrechen‘ ganz bürgerlich mit ‚Polizei‘.“ (184)

Lohmanns Grenze

Lohmann alarmiert die Polizei, und bereits eine Stunde später jubelt die ganze Stadt:

Befreiung der Stadt

> „Endlich! Der Druck ihres eigenen Lasters ward von ihr genommen, da die Gelegenheit dazu entfernt ward. Man warf, zu sich kommend, einen Blick auf die Leichen rings umher und entdeckte, daß es höchste Zeit sei. Warum man eigentlich so lange gewartet hatte?“ (184)

Unrat und Rosa werden von den Beamten zur Gefangenendroschke geleitet. Kieselack, der dank Unrat zum Bierkutscher herabgesunken ist, gibt Unrat ein letztes Mal höhnisch „seinen Namen“, und während Unrat ihm noch wie vor Jahren drohend die Faust entgegenreckt, stößt ihn der Wasserstrahl aus dem Gummischlauch des Krämers Dröge ins Dunkel der Gefangenendroschke.

Unrats Ende

Romanstruktur

Der Roman, der eine Zeitspanne von zwei Jahren umfaßt, ist keineswegs eine mehr oder weniger beliebige Aneinanderreihung einzelner Episoden; die 17 überschriftlosen Kapitel werden vielmehr in einem Expositions- und einem Durchführungsteil vielfältig aufeinander bezogen.

Formale Doppelstruktur

Die Exposition des Romans erstreckt sich über die ersten drei Kapitel. Kap. 1 stellt den Protagonisten an seinem Arbeitsplatz dar. Im Konflikt mit seinen Schülern, einem Teufelskreis gegenseitiger Verachtung und Provokation, werden dem Leser wesentliche psychische und charakterliche Strukturen Unrats offenbart. Aus der gesichtslosen Masse der Schüler tauchen mit von Ertzum, Kieselack und Lohmann jene drei Schüler auf, die das „Ende eines Tyrannen" herbeiführen werden.

Exposition (1–3)

Einführung in Konflikt und Charaktere

Die Palette der handlungstragenden Personen wird am Ende des 1. Kapitels vervollständigt durch die Künstlerin Rosa Fröhlich, die bis zum Ende der Exposition nur ein faszinierender Name und eine kitzelnde Vorstellung bleibt, als solche jedoch stark genug ist, Unrat immer weiter aus seinem angestammten Machtbereich herauszuziehen, wie es in Kapitel 2 und 3 beschrieben wird.
Unrat bewegt sich nun auf dem fremden und feindlichen Terrain der Stadt, stets in Sorge, als Herrscher von seinen Untertanen nicht erkannt und „als Mensch" angesprochen zu werden. (19) Begegnungen mit den Kleinstädtern bezeugen seine gesellschaftliche Isolation.
Während der fieberhaften Suche nach Rosa Fröhlich im 3. Kapitel gipfelt Unrats Ängstlichkeit in offener Paranoia. Anläßlich seines Besuchs beim Schuhmachermeister Rindfleisch werden die Grundzüge seiner sittlichen Vorstellungen und seines doppelbödigen politisch-gesellschaftlichen Bewußtseins offenbar. Gegen Ende des dritten

Kapitels erscheint Unrat „wie ein höhnischer Strolch, der unerkannt und drohend aus dem Schatten heraus der schönen Welt zusieht und das Ende von alledem in seinem Geist hat, wie eine Bombe“ (35f). Mit dem Hinweis auf die „Bombe“, die auf das Ende der bestehenden Ordnung und auf die Einheit von Tyrann und Anarchist verweist, steht nun dem Leser Unrats Psychogramm vollständig vor Augen.

Vollständiges Psychogramm

Dabei bedeutet das Kap. 12, der Wendepunkt im Handlungsablauf, eine Zweiteilung der Durchführung: Stand Unrat bislang als Tyrann im Dienste der Macht, der bestehenden Ordnung, so bereitet er nun mit Rosa als Werkzeug seinen anarchistischen Rachefeldzug gegen die Gesellschaft der Kleinstadt vor.

Motivspiegelung in der Durchführung

Alle Themen und Motive, die in der Exposition angeschlagen wurden, werden in den folgenden Kapiteln der Durchführung aufgegriffen, wiederholt oder variiert. Die Durchführung stellt den machtbesessenen Tyrannen in der neuen Sphäre des Eros dar und schafft fortlaufend Bezüge zu seinem vergangenen Leben.

– Erste Ehe / Zweite Ehe

Hatte Unrat bereits seine erste Ehe aus Nützlichkeitsüberlegungen geschlossen, so heiratet er auch Rosa vor allem, um sie als ein Instrument seiner Rache zu benutzen. Und war er seiner ersten Frau letztlich doch unterlegen, so behält am Ende auch Rosa die Macht über ihn. War Unrat zunächst nur Herr über die Schule und das „Kabuff“ des Klassenraumes, so ist er später auch „Alleinherrscher im Kabuff“ des Blauen Engels.

– Kabuff der Schule / Künstlerkabuff

– Heuerbaas im Hafen / Unrat als Heuerbaas

Hatte Unrat zunächst Furcht vor dem Heuerbaas des Hafenbüros, so ist er später selber zum gefürchteten Heuerbaas der Künstlergarderobe geworden. Fürchtete er auf seiner Suche nach Rosa noch die Klatschsucht der „in den humanistischen Wissenschaften unerfahrenen Bürger“, so bekennt er später selbstbewußt: „Der humanistisch Gebildete darf des sittlichen Aberglaubens der niederen Stände billig entraten.“ Wurde Unrat in der Exposition vom Kollegen Hübbenett gedemütigt wegen der sittlichen Abwege seines Sohnes, so wird in der Durchführung Hübbenett

– Ängstlichkeit / Selbstbewußtsein

– Demütigung durch Hübbenett / Demütigung Hübbenetts

von Unrat gedemütigt wegen des bedenklichen Lebenswandels seines – Hübbenetts – eigenen Sohnes. Hat Unrat schon in der Exposition seinem Kollegen Richter prophezeit, ihm „recht hinderlich“ zu werden, so gelingt es ihm in der Durchführung, diesen gesellschaftlich zu ruinieren. Erlebte er die Suche nach Rosa als größte Demütigung, so kostet er in der Erinnerung daran seine Rache an der Stadt genüßlich aus. Endete die Exposition mit der ahnungsvollen Formulierung: „Auf einmal riß er sich los und stürzte sich in das Haus wie in einen Abgrund“ (37), so bestätigt der letzte Satz des Romans diese Vorausdeutung des Tyrannensturzes:

– Haß auf Richter / Ruinierung Richters

– Demütigung / Rachetriumph

– Vorausdeutung des Sturzes / Vollzug des Sturzes

> „Er sprudelte Wasser, empfing von hinten einen Stoß, stolperte das Trittbrett hinan und gelangte kopfüber auf das Polster neben der Künstlerin Fröhlich ins Dunkel.“ (185)

Diese vielfältigen Motivspiegelungen verklammern die zweiteilige Romanstruktur und kontrastieren bzw. parallelisieren jeweils Unrats Erfahrungen. Dabei entspricht die formale Doppelstruktur des Romans der doppelten Thematik von Macht und Liebe, zweier Bereiche, die miteinander unvereinbar bleiben.

Thematische Aspekte

Mögliche ‚Lesarten'

Der Roman Heinrich Manns verknüpft verschiedene thematische Stränge und scheint damit auch verschiedene ‚Lesarten' zuzulassen: „Professor Unrat" als Schulgeschichte, als tragikomische Liebesgeschichte von einem verliebten Alten und einer kapriziösen Halbweltdame, oder Professor Unrat als eine satirische Attacke gegen die Gesellschaft seiner Zeit? – Eine schrittweise Erhellung der einzelnen Aspekte mag klären, welche Lesart dem eigentlichen Anliegen des Textes am nächsten kommt.

Der Roman als Schulgeschichte

Schauplatz Schule

Der Erzähler lenkt die Aufmerksamkeit des Lesers zunächst auf den Bereich der Schule. Der Protagonist, Gymnasialprofessor Raat, wird schon im Titel mit seiner Berufsbezeichnung genannt, und gleich das erste Kapitel stellt ihn an seinem Arbeitsplatz dar.

Lehrplan Deutsch

Was erfährt der Leser über diese Schule, den Lehrplan des Gymnasiums, das Verhältnis der Schüler zu ihren Lehrern? Der Erzähler sagt zu Beginn des Romans einiges Aufschlußreiche über die Themen des Deutschunterrichts:

> „Über Gegenstände, von deren Vorhandensein man nichts weniger als überzeugt war, etwa die Pflichttreue, den Segen der Schule und die Liebe zum Waffendienst, eine gewisse Anzahl von Seiten mit Phrasen zu bedecken, dazu war man durch den deutschen Aufsatz seit Jahren erzogen. Das Thema ging einen nichts an: aber man schrieb." (9f)

Nicht nur, daß die Themen und Inhalte des Unterrichts den Schüler nichts angehen, d.h. an seinen Interessen und Bedürfnissen vorbeigehen: die beispielhaft genannten Themen machen darüber hinaus deutlich, daß der Deutschunterricht eine eminent politische Funktion übernimmt. Er wird zur Indoktrination, zum ‚Gesinnungsunterricht', indem er die Schüler über Zensuren und Schulabschlüsse zu Bekenntnissen zu den obrigkeitsstaatlichen Grundtugenden zwingt, an deren erster Stelle die Pflichttreue steht (S. 77: „Gesinnungen drillen"). Der Schule fällt im autoritären System der staatlichen Institutionen die Aufgabe zu, staatstreue, gehorsame und pflichteifrige Untertanen heranzuziehen.

‚Gesinnungsdrill'

Schule als Untertanenfabrik

Pflichttreue und Gehorsam gelten als oberste Werte innerhalb des Schulsystems: Rechte besitzt der Schüler offenbar nicht. Die Mittel der Disziplinierung sind vielfältig. Unrat pflegt seine Schüler ins „Kabuff" zu befehlen, in eine Art Schulkarzer, bestraft sie durch schlechte Noten oder Nichtversetzung. Doch Willkürmaßnahmen gegen unbotmäßige Schüler wie Lohmann ergreifen auch seine Kollegen: „Das Lehrerkollegium [...] hatte ihn trotz seiner zum Schluß genügenden Leistungen sitzenlassen, schon in zwei Klassen." (12)

Disziplinierungsmittel

Verhängnisvollerweise werden die Bildungsgüter selbst zum Mittel der Disziplinierung renitenter Schüler: „mit wütender Betonung" hatte Unrat einem Schüler „lateinische Verse zugeschrien" (24). „Daß sie doch alle Griechisch lernten!" (148) wünscht er gehässig ehemaligen Schülern. Das Aufsatzthema zu Schillers Drama „Die Jungfrau von Orléans" stellt er so, daß die Schüler in eine heimtückische Falle laufen müssen. So wird das Stück zu einem toten Objekt, an dem die Schüler völlig sinnlos erscheinende Zwangsübungen vorzunehmen haben. Auf diese Weise werden die Bildungsgüter ihres Bildungswertes beraubt: „Für alle, die beim ersten Lesen Schmelz und Schimmer auf diesen Versen gespürt hatten, waren sie längst erblindet." (10)

Zerstörung der Bildungsgüter

Im obligatorischen Schema der Aufsatzgliederung wird die geistige Bevormundung der Schüler be-

Geistige Bevormundung

sonders anschaulich: Die Einteilung der Abhandlung „in A, B, C, a, b, c und 1, 2, 3“ (14) formalisiert die Auseinandersetzung mit den gestellten Themen und gewährt dem Schüler keinerlei individuellen Gestaltungsspielräume.

Anpassung und dumpfe Rebellion

Vollständig eingebunden in dieses autoritäre System von geistiger Bevormundung und Disziplinierung, in dem jeglicher Raum für eine Argumentation zwischen Lehrer und Schüler fehlt, bleibt den Schülern nur die Wahl zwischen Anpassung und Unterwerfung (Schüler Angst) oder dumpfer Rebellion, wie sie etwa in von Ertzums Verzweiflungsschrei zum Ausdruck kommt.

Das Bild der dargestellten Schulwirklichkeit wird besonders finster, wenn man es mit dem traditionellen Bildungsanspruch des Gymnasiums vergleicht. Unrat unterrichtet an einem „humanistischen Gymnasium“, und immer wieder wird deutlich, wieviel er sich auf seine humanistische Bildung zugute hält: Er verachtet die „tiefstehenden, in den humanistischen Wissenschaften unerfahrenen Bürger“ (18, 117, 164). Das Konzept der humanistischen Bildung, so wie es zu Beginn des 19. Jahrhunderts von Wilhelm von Humbold theoretisch entworfen und der Reform des allgemeinen Schulwesens in Preußen praktisch zugrunde gelegt wurde, beruhte auf der Vorstellung einer umfassenden Persönlichkeitsbildung, die sich aus dem Umgang mit den Sprachen und der Gedankenwelt der griechisch-römischen Antike erzielen lasse. Humanistische Bildung zielte darauf, alle Kräfte des Menschen anzuregen und ihn zu befähigen, „soviel Welt als möglich zu ergreifen und so eng, als er nur kann, mit sich zu verbinden“. Das Ideal der Bildung bestand in der freien Persönlichkeitsentfaltung, der sich selbst bestimmenden Individualität. Die Aufgabe des Unterrichts sollte es sein, „auf den Menschen überhaupt“ einzugehen und nicht lediglich spezielle Kenntnisse zu vermitteln.

Humanistische Bildung:

– „so viel Welt als möglich“

– freie Persönlichkeitsentfaltung

Pervertierung humanistischer Bildung

Wie sehr die Wirklichkeit dem einstigen Ideal Hohn spricht, zeigt sich in mehrfacher Weise an der Gestalt und in der Person Unrats. Die dreißigjährige Arbeit an seinem Lebenswerk über die

Partikeln bei Homer hat ihn wirklichkeitsblind gemacht und verunstaltet:

> „Es [das Schreibpult] war, Unrats kurzsichtigen Augen zuliebe, übermäßig hoch, und die dreißigjährige Anstrengung, den rechten Arm daraufzulegen, hatte ihm die Schulter weit aus der graden Linie gehoben." (34)

Unrats Interesse an den „alten Geistesfürsten" reduziert sich vor allem auf formale und äußere Fragen, weniger auf inhaltliche: Unrat ist stolz darauf, daß er „in seinem Kopf die Möglichkeit [hatte], sich mit mehreren alten Geistesfürsten, wenn sie zurückgekehrt wären, in ihrer Sprache über die Grammatik in ihren Werken zu unterhalten". (33) Die Inhalte der alten Werke interessieren ihn offenbar nicht.

Die Innenansicht der Macht: Tyrannei und Anarchie

Tradition der Schulsatire

Indem der Roman den Zustand der Schule in der beschriebenen Weise darstellt, kritisiert er den Staat, der ein solch autoritäres System hervorbringt bzw. zu seiner Selbsterhaltung benötigt. Die deutsche Literaturgeschichte zu Beginn des zwanzigsten Jahrhunderts – in der Hochzeit des deutschen Imperialismus – ist reich an satirischen Schulgeschichten, die aus der Sicht der drangsalierten Schüler die Unmenschlichkeit der Bildungseinrichtung Schule anprangern.

Perspektive des Tyrannen

Täter und Opfer

Heinrich Manns Roman stellt nun aber zum ersten Mal in der Geschichte dieses Genres die Schulwirklichkeit auch aus der Sicht des tyrannischen Lehrers dar, der nun nicht mehr nur als Täter, sondern auch als Opfer erscheint. – Bereits zu Beginn des Romans wird klar, daß Unrat nicht überlegen gegen die offene Provokation von Ertzums vorgeht, sondern panisch und kopflos lediglich reagiert und nur unter Aufwendung aller Kräfte der Situation Herr werden kann. (Am

Ende des Romans wird Unrat daran scheitern, daß er wiederum kopflos und blindlings reagiert.) Der vorgenommene Perspektivenwechsel gewährt dem Leser Einblicke in die inneren Antriebe des Despoten.

Der vollständige Titel des Romans – „Professor Unrat oder Das Ende eines Tyrannen" – weist bereits darauf hin, daß der Titelheld im Grunde nicht als eine Gestalt aufzufassen ist, die durch individuelle, einzigartige Züge gekennzeichnet ist, sondern durch Merkmale und Verhaltensweisen, die für einen bestimmten gesellschaftlichen Typus charakteristisch sind; in dem Maße, in dem er überindividuelle Verhaltensweisen repräsentiert, erscheint er nicht mehr nur als Individualcharakter, sondern als Sozialcharakter.

Individuum und Typus

Es ist auffällig, daß Unrats Vorstellungswelt und seine psychischen Zwangszustände immer wieder mit Begriffen und Vergleichen beschrieben werden, die sich auf die politische Situation des Deutschen Reiches etwa um die Jahrhundertwende beziehen:

Repräsentant des Machtstaates

> „Trägheit kam der Verderblichkeit eines unnützen Bürgers gleich, Unachtsamkeit und Lachen waren Widerstand gegen die Staatsgewalt, eine Knallerbse leitete Revolution ein […] Schickte er einen ins ‚Kabuff', war ihm dabei zumute wie dem Selbstherrscher, der wieder einmal einen Haufen Umstürzler in die Strafkolonie versendet." (11)

Seine Schüler betrachtet Unrat als „Erbfeinde", die es zu „fassen" und „hineinzulegen" gilt. Der Bezug zum politisch gesellschaftlichen System der Zeit wird im folgenden noch deutlicher:

Erhalt der bestehenden Ordnung

> „Er gehörte, seinem Bewußtsein nach, zu den Herrschenden. Kein Bankier und kein Monarch war an der Macht stärker beteiligt, an der Erhaltung des Bestehenden mehr interessiert als Unrat." (33)

Ganz konkret werden die Herrschaftsgrundlagen des bestehenden Staates genannt, die Unrat erhalten und stärken will: „eine handfeste Kirche, einen handfesten Säbel, strikten Gehorsam und starre Sitten". (33) Insofern ist Unrat der Vertreter des Obrigkeitsstaates, gleichsam der pädagogische Vollstrecker obrigkeitsstaatlichen Denkens. Die Kategorien von Macht und Unterordnung bestimmen seine gesamte Lebens- und Vorstellungswelt. Der Kampf gegen Lohmann wird für Unrat zu einer existentiellen „Machtfrage". Die ausschließliche Bewertung aller zwischenmenschlichen Verhältnisse nach dem Maßstab von Macht und Herrschaft erscheint geradezu lächerlich: Unrat verzichtet darauf, sich bei seiner Haushälterin über das Essen zu beschweren, um sie davor zu „bewahren, sich gegen ihren Herren aufzulehnen" (33).

Macht als Maß aller Dinge

Warum bleibt Unrat ein Außenseiter der Gesellschaft, kann er sich nicht mit seinen Kollegen, die doch wie er die Staatsmacht repräsentieren, allabendlich „um das Bier scharen"? Unrat verachtet sie:

Unrat als Außenseiter

> „Da hockten nun *die* beisammen und waren in der Ordnung: er aber dünkte sich fragwürdig, gewissermaßen, und ausgestoßen, sozusagen." (35)

Unrat ist interessiert an der Erhaltung des Bestehenden, an der Festigung der Grundlagen des Staates und ist dennoch nicht „in der Ordnung", weil er im Inneren nicht an die Grundlagen des Bestehenden glaubt. Er ist kein Tyrann von Kaisers Gnaden, sondern folgt seinem inneren „despotischen Trieb" und verkörpert damit den Typus des Machtmenschen. Weder der Religion („er war durchaus ungläubig", 33) noch dem Vaterland fühlt er sich innerlich verpflichtet (er verabscheut die chauvinistische Flottenbegeisterung des von Kiepert vorgetragenen Flottenliedes). Auch über die sittlichen Vorstellungen seiner Zeit weiß er sich erhaben: „Der humanistisch Gebildete darf des sittlichen Aberglaubens [...] billig entraten" (117). Aufschlußreich ist die ausdrückliche Feststellung des Erzählers, daß der Schüler Lohmann in den Augen Unrats erst dadurch „zum Verbrecher [ward], daß der sich bei verbotenen Freuden der harten Zucht des Lehrers entzog. Nicht sittliche Einfalt zwang Unrat zum Zorn". (33)

„despotischer Trieb"

Typus des Machtmenschen

Sklavenhalterideologie

Unrat nutzt die bestehende Ordnung also lediglich, um seine eigene Macht zu sichern – „als Tyrann wußte er, wie man sich Sklaven erhält“ (33). Sobald die bestehende Ordnung ihm dies nicht mehr erlaubt, weil er aus dem Schuldienst entlassen wurde, ist er ohne Zögern bereit, diese Ordnung zu zerstören. Dabei sah er dieses Ende bereits voraus, als er noch im Schuldienst war: Auf der Suche nach Lohmann und Rosa beobachtet er seinen Kollegen Richter, dem er den gesellschaftlichen Aufstieg mißgönnt, „wie ein höhnischer Strolch, der unerkannt und aus dem Schatten heraus der schönen Welt zusieht und das Ende von alledem in seinem Geist hat, wie eine Bombe“. (35f) Unrats Herrschaftsanspruch ist absolut und grenzenlos. Wer ihm den Respekt versagt, wird von ihm allezeit verfolgt.

Tyrannei und Anarchie

Gegen Ende des Romans stellt der Erzähler fest, daß nun „Aus dem Tyrannen [...] endgültig der Anarchist herausgebrochen [war]“ (163). Die schon zu Beginn des Romans erwähnte Bombe im Geiste Unrats wies bereits auf die folgende Anarchie Unrats voraus. Von welcher Art ist diese Anarchie? Keinesfalls stehen dahinter Vorstellungen, die der im engeren Sinne politisch bestimmte Begriff der Anarchie weckt.

Unpolitischer Anarchie-Begriff

Anarchie (von griechisch an archos = Herrschaftslosigkeit) zielte als utopischer politischer Gegenentwurf zu bestehenden Herrschaftsverhältnissen immer auf die Abschaffung von Herrschaft. Unrats Anarchie, wie sie sich im Untergang der Stadt verwirklicht, ist im Gegenteil lediglich eine neue, vollends entgrenzte Form der Tyrannei Unrats, der nun keine andere Macht mehr neben sich duldet.

Anarchie als letzte Möglichkeit der Tyrannei

All jene, die Unrat mit den ihm bisher zur Verfügung stehenden Machtmitteln im Rahmen der bestehenden Ordnung und Gesetze nicht „fassen“ konnte, d.h. in ihrem schulischen oder beruflichen Werdegang behindern konnte, wirft er nun mit Rosas Hilfe aus der Bahn ihres bürgerlichen Lebens. In Unrats Anarchie äußert sich ein Wille zur Macht, der auch vor der physischen Vernichtung anderer nicht zurückschreckt und selbst seine eigene Vernichtung riskiert. Lohmann charakterisiert diesen absoluten Machtanspruch Unrats zutreffend, wenn er sagt: „Er ist ein Tyrann, der lieber untergeht, als irgendeine Beschränkung erduldet.“ (176)

Absoluter Wille zur Macht

Unrat verkörpert den Typus des Machtmenschen, indem er als Repräsentant und Außenseiter der Gesellschaft die gesellschaftlich erlaubte Tyrannei mit der gesellschaftsfeindlichen Anarchie in seiner Person vereint. Das Anarchische gehörte schon von Anfang an zu seinem Charakter; es war allerdings zunächst überlagert von seiner Tyrannei. Mit der Affaire um Rosa Fröhlich und Unrats Ächtung geht die Übereinstimmung des Tyrannen mit der Gesellschaft verloren, und der Anarchist sagt ihr den Kampf an. Die „Bombe“ war schon vor Eintritt in den Blauen Engel „in seinem Geist“ (35f), aber Unrat zündet sie erst – um im Bild zu bleiben –, als man seine staatlich anerkannte Tyrannei in Frage stellt. So führt er, wie Adorno es formuliert hat, den Kampf gegen die Gesellschaft „aus der absurden Konsequenz ihres eigenen Autoritätsprinzips heraus“. (Klett-Materialien, S. 31). Insofern geht die Kritik des Romans weit über die Kritik an der Schule als einem „Machtpfeiler des Systems“ hinaus.

Die Macht der Liebe

Die Schule ist seit 26 Jahren Unrats Hoheitsgebiet, der Raum, in dem er absolute Machtvollkommenheit beansprucht. Seine berufliche und private Existenz reduzieren sich auf diesen kleinen Erfahrungsbereich. Und soviel Kraft ihn die ständige Selbstbehauptung gegen die „gemeine Klasse, die zusammenhält gegen den Lehrer“ (27), auch kostet, so sehr gibt ihm das unerbittliche „Katz-und-Maus-Spiel“ zwischen Schüler und Lehrer auch die Sicherheit des Bekannten. Diese Sicherheit verliert er, als er das Gebiet seiner Herrschaft verläßt, um Lohmann bei der Künstlerin Rosa Fröhlich aufzuspüren:

Hoheitsgebiet Schule

„er litt unter der Besorgnis des Herrschers, der sein Gebiet verlassen hat: man möge ihn verkennen, ihm aus Unsicherheit zu nahe treten, ihn nötigen, sich als Mensch zu fühlen". (19)

Abgrund Blauer Engel

Unrats Eintritt in den Blauen Engel bedeutet den bisher tiefsten Einschnitt in seinem Leben. Als er sich „[los]riß und [...] in das Haus [stürzte] wie in einen Abgrund" (37), verläßt er seine alte Lebenswelt und sieht sich in dieser „Welt der Nebendinge" – also aller Dinge, die nicht zum Bereich Schule gehören – nun konfrontiert mit der ihm unbekannten, dunklen und ‚abgründigen' Sphäre des Eros und des Trieblebens, verkörpert in der „bunten Frauensperson" Rosa Fröhlich. Bereits die erste Vorstellung von Rosa, die bloße Nennung ihres Namens, hatte seine verdrängte Triebhaftigkeit geweckt, die ihn in der Folge hin- und herwirft zwischen knabenhafter Schamhaftigkeit und der mühsam unterdrückten Lüsternheit des alten Mannes.

Erwachende Triebhaftigkeit

In dieser neuen Umgebung und im Angesicht Rosas versagen seine alten Herrschaftsmittel. Dabei ist es charakteristisch für Unrats Denkweise, daß er Rosa sogleich als eine „fremde Macht" wahrnimmt:

Unterwerfung unter die „fremde Macht" der Liebe

„Sie war kein entlaufener Schüler, der sich widersetzen wollte und sein Leben lang unter die Fuchtel gehörte [...] Sie war eine fremde Macht und augenscheinlich fast gleichberechtigt. Er hätte zum Schluß, falls sie eine Erwiderung verlangt hätte, keine mehr gewußt." (44)

Entspannung

Im Blauen Engel ist der verknöcherte Tyrann zwar zunächst machtlos, aber – als Teil einer namenlosen Menge – auch auf eine wohltuende Weise „seiner drückenden Ausnahmestellung enthoben" (39). Diese fremde Welt am Rande der bürgerlichen Gesellschaft ist zwar auf der einen Seite „die Verneinung seiner selbst" (40), sie erlaubt ihm aber andererseits, seine bislang unterdrückte ‚animalische' Triebhaftigkeit auszuleben: Er verzeiht sich die Lust, im Rhythmus des Beifalls mit den Füßen auf den Boden zu stampfen:

„das sei – demnach denn wohl – der Mensch. ‚Immer mal wieder Gras fressen', setzte er hinzu. ‚Ei freilich' ". (41)

Animalische Begierde

Tierhaft erscheint ihm zunächst auch die Sexualität. Rosas schwarze Hose „fühlte sich merkwürdig warm an, warm wie ein Tier". (73)

Menschliche Züge

Unrats vorübergehende Unterwerfung unter die fremde Macht der Liebe und die „Lust, die er selbst spürte [...], in seiner gewöhnlichen Gespanntheit nachzulassen – abzurüsten" (46), verleihen ihm erstmals Züge von Fürsorglichkeit, ja Menschlichkeit: „Ich werde versuchen, Sie durchzubringen" (82), verspricht er der schlafenden Rosa.

Umschwung: Unterwerfung der Liebe

Erzfeind Lohmann

Sein Sexualtrieb überdeckt jedoch nur zeitweise seinen „despotischen Trieb". Im vermeintlich gesellschaftsfreien Raum der Liebe – im Kabuff des Blauen Engel – fühlt sich Unrat bald wieder bedroht vom „unsichtbaren Geist" Lohmanns, seinem Erzfeind: Unrat sieht seine Machtposition ja nicht in Frage gestellt durch die Schüler, die ihm „seinen Namen geben", sondern durch Lohmann, der ihm seinen Namen verweigert, also Unrats absurdes Herrschaftsspiel nicht mitspielt und damit seine geistige Überlegenheit zum Ausdruck bringt, durch die sich Unrat existentiell bedroht fühlt.

Unrat zwischen Liebe und Haß

Vereinnahmung Rosas

Der Haß auf Lohmann und die Liebe zu Rosa werden nun zu widerstreitenden Antriebskräften, die Unrats Verhalten bis zum Ende des Romans auf eine widersprüchliche Weise bestimmen. Besessen von dem Willen, den „Machtkampf" gegen Lohmann zu gewinnen, versucht Unrat konsequent, Lohmann aus dem Kabuff, d.h. aus dem Bewußtsein Rosas zu verdrängen. Mit System macht er sich daran, die „fremde Macht" der Liebe, der er sich zunächst gebeugt hatte, nun doch unter seine Herrschaft zu zwingen.

„Wie eine große schwarze Spinne" (85) macht er sich in Rosas Garderobe breit, um von ihr Besitz zu ergreifen; er macht sich zu Rosas willfährigem Diener, der klaglos alle Launen und Demütigungen seiner Gebieterin erträgt, mit dem Ziel, sich unentbehrlich zu machen und auf diese Weise

Rosa zu vereinnahmen. Bald betrachtet er die Künstlerin als

> „seine Angelegenheit! Er hatte sie genehmigt, folgte aus den Kulissen ihren Leistungen, war mit ihr verknüpft und führte sie gewissermaßen selber vor". (77, fast wörtlich auch auf S. 134)

Alleinherrscher im Kabuff

Durch finanzielle Zuwendungen versucht er, Rosa auch wirtschaftlich von sich abhängig zu machen. Und gerade so, wie Unrat vor 26 Jahren in der Schule unversehens mit Machtbefugnissen ausgestattet und aufs Katheder erhoben war (11), hat sich Unrat im Kabuff des Blauen Engel unversehens zu einer Art „Heuerbaas" (92) emporgedient. Seine Hochzeitsnacht mit Rosa erscheint schließlich als „ein allzu entschiedener Triumph Unrats" (104) über Rosa, aber noch „heißere Genugtuung" (104) bezieht er aus dem Wahn, Lohmann verdrängt zu haben. Unrats Sieg über Rosa scheint vollkommen, als sie sich schließlich sogar der griechischen Partikellehre unterwirft.

Triumph über Rosa und Lohmann

In der Folge des verhängnisvollen Hünengrabprozesses bekommt Unrats Verhältnis zu Rosa eine neue Qualität, verbinden sich Machtwahn und Rachgier des entmachteten Tyrannen mit der Verzweiflung des betrogenen Liebhabers auf eine neue, unheilvolle Weise. Unrat glaubt nun, Rosa als Lockvogel einsetzen zu können in seinem Rachefeldzug gegen die bürgerliche Ordnung, in der ihm der Respekt verweigert wurde. Es ist wiederum bezeichnend für Unrats Herrscherbewußtsein, daß er die bei ihm in Ungnade gefallene Rosa gegenüber Dritten verteidigt – „Man vergriff sich an ihm selbst, wenn man sich unterstand, sie nicht gelten zu lassen" (134) –, daß er Rosa sogar rehabilitiert, als ihm bewußt wird, welche Zukunftsaussichten eine neuerliche Verbindung mit Rosa eröffnet:

Instrumentalisierung Rosas

> „Sie hatte ihn verraten – immerhin denn wohl. Andererseits war sie so der Weg geworden, der zum Verderben des Schülers Kieselack geführt hatte. Ward sie hierdurch nicht gerechtfertigt?" (135)

Unrat will Rosas unwiderstehliche erotische Anziehungskraft gezielt einsetzen, um die biederen und selbstzufriedenen Bürger der Stadt zu verführen, d.h. auf Abwege zu führen und gesellschaftlich oder physisch zu vernichten. In quälerischer Verleugnung seiner eigenen Gefühle nimmt er Rosas sexuelle Untreue dabei nicht nur in Kauf, sondern er ermutigt sie sogar dazu. Unrats widerstreitende Antriebskräfte – Machtwahn und Liebe – führen ihn in selbstzerstörerische innere Konflikte. Seinen sadistischen Triumph über die Stadt muß er bezahlen mit der fortwährenden Verletzung seiner Gefühle:

Selbstverleugnung

Rachetriumph und Liebesqual

> „Seine Liebe, die er täglich verwunden mußte, um seinen Haß zu füttern, reizte diesen Haß zu immer tollerem Fieber. Haß und Liebe machten einander irr, brünstig und schreckensvoll. Unrat hatte die lechzende Vision der ausgepreßten, um Gnade flehenden Menschheit.“ (167)

Am Ende muß Unrat erkennen, daß seine Rechnung nicht aufgeht, daß er keineswegs machtvollkommen über sein „Instrument“ verfügt:

Eigenwilliges Instrument

> „Er sagte sich, daß die Künstlerin Fröhlich nichts hätte sein dürfen als ein Instrument, die Schüler zu ‚fassen‘ und hineinzulegen. Stattdessen stand sie nun gleich neben Unrat selbst, hoch und heilig im Angesicht der Menschheit, und er war genötigt, sie zu lieben und zu leiden unter seiner Liebe, die sich auflehnte gegen den Dienst seines Hasses.“ (166f.)

Abhängigkeit von Rosa

Dem berechnenden Tyrannen wird die ‚Unberechenbarkeit‘ Rosas zum Verhängnis. Bei aller Toleranz gegenüber Rosas anderen „sittlichen Maßstäben“ hatte Unrat Rosa doch ausdrücklich jede Verbindung mit Lohmann verwehrt. Da nun Rosa, die gleich Eva gerade von den verbotenen Früchten im Garten Eden besonders gereizt wird, nun Lohmann verführen will, der ihr als einziger nicht erlaubt ist, schlägt die kalt berechnete Tyrannei Unrats um in blinde Wut, schrumpft der allmächtige Verderber der Stadt zum kleinen Verbrecher, der seinem Erzfeind die Brieftasche stiehlt, um mit ihr zu entfliehen.

Klägliches Ende eines Tyrannen

„Das Ende eines Tyrannen“ (Untertitel) wird möglich, weil es ihm zum einen nicht gelungen ist, Rosa zu seinem willenlosen Werkzeug zu machen, und zum anderen, weil er nicht in der angestrebten Weise seine eigenen Gefühle, Liebe, Haß und Eifersucht, beherrschen kann. Unrat scheitert an der Maßlosigkeit seines Machtwillens: Es gelingt ihm letztlich nicht, die „Macht der Liebe“ zu bezwingen und seinem eigenen tyrannischen Machtanspruch zu unterstellen.

Scheitern des Machtprinzips

Zeitbezüge – Konturen der Gesellschaft

Wilhelm II. über die Aufgaben der Schule

„Schon längere Zeit hat mich der Gedanke beschäftigt, die Schule in ihren einzelnen Abstufungen nutzbar zu machen, um der Ausbreitung sozialistischer oder kommunistischer Ideen entgegenzuwirken. In erster Linie wird die Schule durch die Pflege der Gottesfurcht und der Liebe zum Vaterlande die Grundlage für eine gesunde Auffassung der staatlichen und der gesellschaftlichen Verhältnisse zu legen haben.“ (Kaiser Wilhelm II., nach Wolff, S. 16)

Es ist unschwer zu erkennen, daß sich Unrats Interesse an der „Erhaltung des Bestehenden“ (33), sein Eintreten für die Grundlagen der staatlichen Herrschaft mit den oben zitierten Vorstellungen Kaiser Wilhelms II. weitgehend deckt, daß er also – nach außen – 26 Jahre lang ein Lehrer ganz im Sinne des Monarchen war. Damit wird auch deutlich, daß die im Roman dargestellte Welt ausgeht von den tatsächlichen Gegebenheiten der Zeit. Die Welt des Romans steht also nicht ‚jenseits von Raum und Zeit‘; die namenlose Kleinstadt, ihre Bewohner und Konflikte haben vielmehr den Charakter eines Modells, das gesellschaftliche Strukturen und Stimmungen der Zeit veranschaulicht.

Romanwelt als Modell

Der Erzähler macht einige allgemeine Aussagen über das Leben in dieser Kleinstadt. Das vorherrschende Lebensgefühl in dieser bedrückend engen „altertümlichen Stadt“ (159) – die sich anhand des Dialektes und topographischer Angaben als Lübeck identifizieren läßt – ist das Gefühl der Leere. In den „achtbaren Giebelhäuschen" „ging [man] zu Bett, ohne zu wissen, was einen müde gemacht hatte" (160). Als ein Hort bürgerlichen Wohlstands erscheint die 50.000-Seelen-Stadt, deren „vermögende Pfahlbürger [...] beim Handel mit Fischen und Butter dreißig Jahre lang durch dieselben fünf Straßen getrabt waren" (160), dabei aber nicht wußten, was sie mit ihrem Geld machen sollten, ja – wie der Erzähler mitteilt – nicht einmal wußten, „wofür sie gelebt hatten". (169)

Lebensgefühl: Leere und Sinnlosigkeit

Die Stadt wird bevölkert von solch fragwürdigen Existenzen, „gemeinen Philistern" (137), Spießbürgern, die angesichts ihrer inneren Leere für „Attraktionen" aller Art empfänglich sind. Der Erzähler beschreibt die Blicke, mit denen Rosa an der Seite Unrats betrachtet wird, als „neidisch-entrüstet" und „übelwollend-begehrlich" (139) und trifft mit diesen Attributkombinationen exakt die doppelte Moral von sittlicher Empörung bei gleichzeitiger klammheimlicher Lüsternheit. Gerade jene, die über Unrats moralischen Fehltritt den Stab brechen, „lachten sich an, jeder mit einem kleinen Gefunkel im Blick" (129). Der Erzähler betont am Ende, daß die Stadt vom „Druck ihres eigenen Lasters" (184) befreit wurde. Die von Unrat betriebene „Entsittlichung einer Stadt" (165) war um so leichter zu erreichen, als die Sittlichkeit vor allem den Charakter einer Fassade besaß, die durch Rosas und Unrats Angriffe leicht zum Einsturz gebracht werden konnte.

Spießbürgerkritik

Philiströse Doppelmoral

Die drei gegen Unrat verschworenen Schüler Lohmann, von Ertzum und Kieselack repräsentieren in diesem Gesellschaftsmodell bestimmte soziale Schichten und verweisen damit auf gesellschaftliche Machtverhältnisse des Kaiserreichs. Ganz oben auf der gesellschaftlichen Stufenleiter der Kleinstadt steht zweifellos die Familie des Konsuls Lohmann, die zu den einflußreichsten der Stadt gehört – Rosa: „Da ist einer, der hat Pinke-Pinke" (50). Im sicheren Bewußtsein seines starken Rückhalts kann Lohmann gelassen auf

Schichtung der Gesellschaft

Großbürger Lohmann

Unrats massive Attacken reagieren: „Jetzt mußte sich möglicherweise sein Erzeuger in Bewegung setzen und mit dem Direktor reden!“ (16) Beim folgenreichen Hünengrabprozeß kommt Lohmann denn auch ungeschoren davon:

> Er „durfte, bis er nach England ging, auf der Schule verbleiben; seine Verwandten waren zu mächtig, als daß an seine Entfernung zu denken gewesen wäre“. (132)

Adliger von Ertzum

Lohmanns Freund von Ertzum, verloren in den Wirrungen seiner pubertären Gefühlswelt, scheint in der engen bürgerlichen Welt völlig fehl am Platze. Er sehnt sich „heraus aus diesem Bürgernest und aus der staubigen Anstalt, wo sein großer ländlicher Körper in lächerlichen Fesseln saß“ (61). Von Ertzum ist von adliger Abstammung, ist wider Willen „unter die Bürger gekommen“, die diese Stadt bevölkern. Charakteristisch für von Ertzum ist seine Hilflosigkeit in allen Lebenslagen, die besonders bemerkenswert ist, da er gleichzeitig von einer großen vitalen Energie und Schaffenskraft erfüllt ist. Man hat deshalb in einer soziologischen Interpretation den Adligen von Ertzum als den typischen Vertreter der Aristokratie seiner Zeit gedeutet, jener auf Grundbesitz und Landwirtschaft beruhenden Schicht, die ihrem Untergang entgegensieht, da sie ökonomisch längst vom Großbürgertum überflügelt wurde. Die Macht dieser im Grunde anachronistischen Klasse besteht jedoch weiter, wie aus dem Verhalten des Flurhüters deutlich wird, der in der Schule nach dem Schänder des Hünengrabes fahndet:

> „Er benahm sich dabei als ein Mensch, der in zu hohe Gesellschaft geraten ist, sah niemand und verbeugte sich vor von Ertzum, der ihn auf den Fuß getreten hatte.“ (119)

Von Ertzum verläßt das Gymnasium natürlich freiwillig, wie der Erzähler anmerkt.

Kleinbürger Kieselack

Kieselack, Sohn eines „der Trunksucht verfallenen Hafenbeamten“ (124), ist der einzige Schüler, der das Gymnasium gezwungenermaßen und sofort verlassen muß. Am Ende des Romans ist er zum Bierkutscher abgesunken. Soziologisch gedeutet repräsentiert Kieselack innerhalb der im Roman ausschnittweise abgebildeten Gesellschaft das schwache Kleinbürgertum, das stets ins Proletariat abzurutschen droht.

Unterhalb der großbürgerlich-aristokratischen Machtelite befindet sich die sehr heterogene Schicht des kleinen und mittleren Bürgertums, des Mittelstandes der Beamten in Schule und Justiz, des Handwerks und Gewerbes, auf die der Erzähler – meist eher beiläufig – eine Reihe satirisch-kritischer Schlaglichter wirft.

Bürgerlicher Mittelstand

Im mittleren Bürgertum nimmt der Lehrerstand eine besonders fragwürdige Position ein. Bezeichnend für das gesellschaftliche Bewußtsein des Gymnasiallehrers ist Unrats entschiedene Klarstellung dem Artisten Kiepert gegenüber:

Lehrerstand

> „so irren Sie doch in Ihrer ersten Voraussetzung, Mann, sintemal ich kein Volksschullehrer bin, sondern der Professor Raat vom hiesigen Gymnasium". (46)

Standesdünkel

Die direkt dem Staat unterstellten Gymnasiallehrer waren durch ihre wissenschaftliche Ausbildung in die Nähe der prestigeträchtigen höheren Staatsbeamten aufgerückt. Ihr elitäres Standesbewußtsein grenzte sich vor allem ab gegen die schlechter ausgebildete und bezahlte Gruppe der Volksschullehrer. Die Besoldung scheint jedoch nicht mit der hohen Selbsteinschätzung der Oberlehrer übereinzustimmen. Unrats Klage über die „schlecht bezahlte Autorität" ist typisch für den gesamten Berufsstand. Die gesellschaftliche Schranke nach oben ist starr: Zu den besten Familien der Stadt durften die Oberlehrer normalerweise „nicht den Blick erheben" (35). Das Bild, das der Erzähler vom Lehrerstand vermittelt, ist durchweg sehr negativ. Opportunismus und Karrierismus herrschen vor, aufrechte Charaktere scheint es nicht zu geben: „Einige jüngere Oberlehrer, noch im Zweifel, welche Gesinnung ihre Karriere mehr fördern könne, wichen ihm [Unrat] aus, um ihn nicht grüßen zu müssen." (116) Oberlehrer Richter heiratet die Tochter aus hohem

Diskrepanz: hohe Selbsteinschätzung – niedriges Gehalt

Negatives Gesamtbild

Hause aus Karrieregründen. Alle Kollegen Unrats werden, soweit erwähnt, negativ gezeichnet: Sie „scharten“ sich allabendlich und gespenstisch ums Bier (35), mokieren sich selbstgerecht über Unrats Sohn (35) und „spreizen“ sich eitel und wichtigtuerisch wie Oberlehrer Wittkopp (28).

Justiz schützt Herrschaft

Das Bild, das der Roman von der Justiz zeichnet, wirkt keineswegs positiver als das der Lehrerschaft. Geradezu entlarvend ist eine Passage aus dem Zusammenhang des Hünengrabprozesses:

> „Im Saal befanden sich auch Konsul Breetpoot und Konsul Lohmann, und der Staatsanwaltsubstitut konnte nicht umhin, den beiden einflußreichen Herren eine Verbeugung zu widmen. Er rang innerlich die Hände über die Torheit des jungen Lohmann und seines Freundes, daß sie sich nicht längst gemeldet hatten. Die Anklagebehörde würde es vermieden haben, an die große Glocke zu rühren. Natürlich hatte man geglaubt, es handele sich um lauter Burschen vom Schlage des Kieselack.“ (121)

Obliegt es der beamteten Lehrerschaft des Reiches, die Gesinnungen der Schüler zu „drillen“ (77), so sieht die Justiz offenbar ihre vornehmste Aufgabe darin, die Interessen der herrschenden Klassen zu schützen. Ihre moralische Korruptheit wird offenbar, als derselbe Richter, der Kieselack wegen intimer Kontakte zu Rosa Fröhlich der Schule verwiesen hat, selbst in der lasterhaften „Villa vor dem Tor“ erscheint, um sich dort mit der Dame des Hauses zu vergnügen.

Pastor Quittjens: Heuchelei der Kirche

Die Kirche wird im Roman vertreten durch Pastor Quittjens, der sich des gefallenen Gymnasialprofessors annimmt und dabei hinter seiner seelsorgerischen Anteilnahme Zynismus und Eigennutz verbirgt:

> „Er hatte zugesehen, wie hier jemand immer tiefer in Sünde und Verlegenheit hineinritt. Jetzt, da der Mann am Boden lag, war er der Meinung, daß für das Christentum etwas zu machen sei.“ (132)

Quittjens sieht seine seelsorgerische Aufgabe vor allem darin, für Unrats „Wiederaufnahme bei den

Besseren zu sorgen". (132) Er lamentiert über die Unsittlichkeit und Lasterhaftigkeit der Welt, während er in aller Behaglichkeit seine Zigarre raucht. Der in schlüpfrig-amourösen Erinnerungen schwelgende Pastor erscheint als ein durch und durch scheinheiliger Biedermann, der sich nicht geniert, selbst den „Ort des Lasters und der Sünde" aufzusuchen.

Rindfleisch: Pietistische Einfalt

Während Quittjens für die Doppelmoral der Kirche steht, verkörpert Schuhmachermeister Rindfleisch die bis ins Lächerliche übersteigerte lebens- und weltfremde Frömmelei und sittliche Einfalt des Pietismus: „daß Gott es uns nur darum erlaubt, auf daß er in seinen Himmel oben mehr Engel kriegt". (32) Rindfleisch ist Mitglied der Herrnhuter Brüdergemeinde, der zu Beginn des 18. Jahrhunderts gegründeten pietistischen Religionsgemeinschaft, die sich selber als Teil der lutherischen Kirche verstand, von dieser aber mit Mißtrauen und Ablehnung begegnet wurde. Bei aller geistigen Überlegenheit, die Unrat als Gymnasialprofessor beansprucht, steht Unrat zu seinem Gram auf der gleichen ökonomischen Stufe wie der Schuhmachermeister. Bei beiden sieht es zu Hause „eher dürftig" aus (73) – nicht zufällig gibt es bei beiden „Mettwurst und Kartoffeln" zum Abendessen.

Unrat – Rindfleisch: ökonomischer Gleichstand

Die Arbeiterschaft, gegen die Unrat „in der Heimlichkeit seines Studierzimmers [wütete]" (33), taucht im Roman nur am Rande auf. Unrat weiß, daß „Mit dem Volk [...] keinerlei Verständigung möglich [war]" (23), folgt aber zwei „Proletariern" (37) unbemerkt in die Hafengegend zum Blauen Engel.

Proletariat am Rande

Der einzige Vertreter der Sozialdemokratie im Roman ist Kiepert, einer der Artisten des Blauen Engel. Es zeugt sicherlich von einem distanzierten Verhältnis des Autors zur Sozialdemokratie, wenn er nun ausgerechnet Kiepert, „mit einem schwarzweißroten Flaggentuch um Magen und Bauch" (51), das „Flottenlied" schmettern läßt und damit zum Propagandisten der deutschen Flottenpolitik macht:

Kiepert: Fragwürdiger Vertreter der Sozialdemokratie

„Stolz weht die Flagge Schwarz-Weiß-Rot
Von unseres Schiffes Mast
Dem Feinde Weh, der sie bedroht,
Der diese Farben haßt!
[...]
Allüberall, wo auf dem Meer
Empor ein Mast sich reckt,
Da steht die deutsche Flagge sehr
In Achtung und Respekt.“ (51)

Kiepert scheint zu beweisen, daß Marinestabschef Tirpitz (1849–1930), Schöpfer der kaiserlichen Flotte, richtig kalkuliert hat, als er 1895 die Haupt- und Nebenmotive für die Begründung der deutschen Seemacht aussprach:

> „Die allgemeinen Seeinteressen müssen vorwärtsgetrieben werden [...], weil in der neuen nationalen Aufgabe und dem damit verbundenen Wirtschaftsgewinn ein starkes [Mittel] gegen gebildete und ungebildete Sozialdemokraten liegt.“

Nationale Flottenbegeisterung

Das kriegerische Flottenlied, von Kiepert mit „vaterländischer Begeisterung“ (51) vorgetragen, versetzt das Publikum in „schwindelnde Wallung“ („Nach jeder Strophe mußte von Besonnenen der Beifall mühsam unterdrückt werden.“ 51). Die „Zugnummer“ des Programms offenbart schlaglichtartig die Stimmung in der Zeit des deutschen Imperialismus. Unrat fühlt sich von diesem Lied lediglich aus ästhetischen Gründen abgestoßen. Der überhebliche Nationalismus („Am deutschen Wesen soll die Welt genesen“) spiegelt sich jedoch auch in seinem Bewußtsein.

Imperiale Arroganz

Bei einem Gesangsvortrag Rosas erhebt sich zum Zorn Unrats das Gelächter des Publikums: „Einer in der Mitte gluckste wie ein Neger. Unrat entdeckte ihn: es *war* ein Neger!“ (76)

Personen

Unrat

Unrats Lebensgeschichte bleibt dem Leser weitgehend unbekannt, nicht einmal seinen Vornamen erfährt er. Aus den wenigen über den Roman verstreuten Angaben läßt sich seine Biographie nur bruchstückhaft rekonstruieren: In der Hauptstadt des Deutschen Reiches studiert er die alten Sprachen, finanziell unterstützt von einer Witwe, die er dafür „vertragsgemäß“ heiratet, als er im erstrebten Lehramt ist (18). Dieser wechselseitig auf Nützlichkeitserwägungen gegründeten Ehe entspringt ein Sohn, von dem sich Unrat abwendet, da er nicht die in ihn gesetzten Erwartungen erfüllt. Ohne Familie und Freunde („Was er unter Freundschaft zu verstehen habe, erfuhr er nie“, 34) lebt Unrat, zu Beginn des Romans 57 Jahre alt, seit nunmehr 27 Jahren in einer norddeutschen Stadt mit 50 000 Einwohnern, ausschließlich seinen schulischen Verpflichtungen und seinen philologischen Studien hingegeben.

Bruchstückhafte Biographie

In seiner äußeren Zeichnung gleicht Unrat eher einem furchterregenden Ungeheuer als einer menschlichen Gestalt. Auf „magern, eingeknickten Beinen“ (5), „mit der rechten, zu hohen [Schulter]“ (5) und den „grauen eckigen Händen“ erweckt er den Eindruck einer zugleich bedrohlichen und armseligen Kreatur von geringer Standfestigkeit. Seine Physiognomie wirkt geradezu abstoßend: Er hat ein „hölzernes Kinn mit dem dünnen graugelben Bärtchen daran“ (5); seine Barthaare werden als „gelbe Gräten“ (8) beschrieben, seine Lippen als „hölzerne Mundfalten“, aus denen er im Zorn seinen Speichel verspritzte.

Äußere Zeichnung: armseliges Ungeheuer

Mit solchen kaum mehr menschlichen Zügen erscheint Unrat folgerichtig als ein Tier: als „etwas zwischen Spinne und Katze“ (183). Die Schüler schauen ihm zu wie einem „gemeingefährlichen Vieh, das man leider nicht totschlagen durfte“ (7).

Entmenschtes Wesen

Seine Augen sind die „Augen einer wütenden Katze" (131) und schießen „grüne", „giftige" oder „falsche" Blicke auf ihre Beute ab. Ganz im Bild des ungeheuren Mischwesens zwischen Spinne und Katze werden seine Bewegungen beschrieben: Er „schleicht mit langen Schritten", „macht einen eckigen Sprung" (6), hat sich „in das Katheder gekrallt" (6).

Innere Verfassung: „gewöhnliche Gespanntheit"

Unrats äußerliche Erscheinung als stets sprungbereite Katze ist Ausdruck seiner inneren angespannten Verfassung, seiner „gewöhnlichen Gespanntheit" (46). Seine eckige und unförmige Gestalt ist sichtbarer Ausdruck seiner psychischen Deformation.

Physische und psychische Deformation

Seine Verunstaltung durch die „in die Höhe gedrängt[e]" (128) rechte Schulter ist die Folge der weltabgewandten wissenschaftlichen Tätigkeit von dreißig Jahren. Ungelenk, „hölzern" in seinen Bewegungen – Lohmann nennt ihn einen „hölzerne[n] Hanswurst" (13) – ist Unrat nicht in der Lage, sich „frei" zu bewegen, steht er sich gleichsam ständig selbst im Wege.

Distanzlosigkeit

Da Unrat völlig unfähig ist zur Selbstreflexion, zur Selbstironie und zum Humor, verschmilzen ihm die Sphären des Privaten und Beruflichen: „Was in der Schule vorging, hatte für Unrat Ernst und Wirklichkeit des Lebens". (11) Unrat hat sich vollständig mit seiner Rolle als Lehrer identifiziert und kann weder sich selbst noch seine Schüler mit der notwendigen relativierenden Distanz betrachten.

Schüler in der Lehrerrolle

In seiner Lehrerrolle verkörpert sich ihm „Sinn und Gesetz der Welt" (43), ja, um in sein Amt zu gelangen, hat er sich seinerzeit offensichtlich ohne jede innere Zuneigung der wohlhabenden Witwe verschrieben, „die knochig und streng gewesen war" (18). „Unversehens mit Machtbefugnissen ausgestattet und aufs Katheder erhoben" (11), ist Unrat im Grunde selber ein Schüler geblieben, der auch in der Sprache seiner Schüler denkt und spricht (vgl. S. 74). Seine Schülerhaftigkeit wird besonders deutlich, als er in der Künstlergarderobe dienstbeflissen die Rolle des ehrgeizigen Schülers spielt, „das Seinige präpariert" hat und mit kindlichem Stolz der Lehrerin vorzeigt (85).

Unrats Macht gründet einzig auf der Tatsache, daß er faktisch eine Machtposition innehat, aus der heraus er seinen Schülern „das Leben schwer machen“ und ihre Karriere dauerhaft behindern kann: Unrat „wütete [...] mörderisch in den Laufbahnen von Sekundanern“ (94). Da der Macht Unrats keinerlei persönliche Autonomie entspricht, ist er nicht in der Lage, auf die Streiche und Provokationen seiner Schüler angemessen zu reagieren. Auf die provozierende Nennung seines Spottnamens antwortet er zwanghaft mit einer festgelegten Abfolge nicht mehr zu steigernder Drohgebärden.

Fehlende persönliche Autonomie

Unverhältnismäßigkeit der Reaktionen

Sein Familienname „Raat“ weckt die Vorstellung von Weisheit und Überlegenheit. Damit steht sein Name auch aus der Sicht der Schüler im lächerlichen Widerspruch zu seiner tatsächlichen Erscheinung und provoziert deshalb naturgemäß seine diffamierende Verkehrung ins Gegenteil: „Da er Raat hieß, nannte ihn die ganze Stadt Unrat. Nichts konnte einfacher und natürlicher sein.“ (5) Unrat stellt die von ihm beanspruchte Autorität tatsächlich nicht dar, da er „Weltläufigkeit und Personenkenntnis“ (31) und die „Perspektive des Erfahrenen“ (11) nicht besitzt. In einem ewigen und vergeblichen Kampf versucht er, die Anerkennung seiner falschen Autorität und Machtvollkommenheit zu erzwingen. So hinterhältig und gemein seine Zwangsmittel auch immer sind – sie sind nichts als die verzweifelte Kompensation seiner inneren Schwäche und Ohnmacht.

„Professor Raat“

„Professor Unrat“

Terror als Kompensation

Macht und Ohnmacht

Der Nennung seines Spottnamens ist Unrat hilflos ausgeliefert, da seine Schüler sich leicht darauf herausreden können, nur über den Gestank wirklichen Unrats geklagt zu haben. Unrat reagiert unwillkürlich und mechanisch, fast willenlos: „Und sofort zuckte der Alte heftig mit der Schulter“ (5). In mehr als zwei Jahrzehnten hat sich dieses feststehende Ritual von Reiz und Reaktion herausgebildet, ein Katz-und-Maus-Spiel im Wortsinne: Der Schüler – für Unrat „ein mausgraues, unterworfenes und heimtückisches Wesen“ (19) – liefert das Stichwort „Unrat“, und

‚Katz- und-Maus-Spiel‘

sofort übernimmt Unrat die Rolle der Katze: Er „krallt" sich ins Katheder, schießt giftige „grüne Blicke" aus seinen Katzenaugen und verspritzt in ohnmächtiger Wut seinen Speichel, da er seine Beute meist nicht „fassen" kann.

„Rolle Unrat" als Ersatzidentität

Das ‚Spiel' zwischen Lehrer und Schülern hat für die Psyche Unrats weitreichende Folgen. Die Rolle „Unrat" ist ihm im Laufe der Zeit zur zweiten Natur, zur ‚Ersatzidentität' geworden. Ist bereits der Versprecher „Ich bin nämlich der Professor Un – der Professor Raat" (20) Spiegel seines Unterbewußtseins, so nimmt Unrat im Laufe seiner Entwicklung bewußt die „Rolle Unrat" an. Mit einem Gefühl von Lust und Scham gleichzeitig läßt er sich von Rosa seinen „nichtswürdigen Namen" geben (86), und am Ende bekennt er sich ausdrücklich zu dieser Rolle: „Jaja, ich bin ein rechter Unrat." (164) Unrat hat sich der Rollenerwartung angepaßt: „Gegen so'n Namen kann auf die Dauer keiner an." (27)

Anpassung an Rollenerwartung

Lohmanns Respektsverweigerung

Paradoxerweise folgt für den Gymnasialprofessor Raat aus der nach und nach erfolgenden Identifikation mit der „Rolle Unrat" auch, daß ihm nun gerade der Schüler, der ihm „seinen Namen nicht gibt", als die größte existenzielle Bedrohung überhaupt erscheint, da er als solcher die Basis und Legitimation seiner Macht in Frage stellt (z.B. S. 13, 19, 104).

Rachsucht und Verfolgungswahn

Da Unrat, vom Erzähler als „rachsüchtiger Tyrann" charakterisiert, seine Schüler wegen vermeintlicher Respektlosigkeiten allezeit verfolgt, lebt der Lehrer in dem krankhaften Wahn, daß seine Schüler sich ihrerseits ständig an ihm rächen wollen. So ist es bezeichnend für den „Tyrannen mit schlechtem Gewissen" (5), daß er ständig „in den Falten der Mäntel nach Dolchen späht" (5). Einen Höhepunkt erreicht seine Paranoia während seiner Suche nach Rosa: „Eine Klasse von 50.000 Schülern tobte um Unrat her" (26). Zu einer ‚fixen Idee' steigert sich seine Angst, Lohmann könne „bei der Künstlerin Fröhlich sitzen".

Fixe Idee: Lohmann bei Rosa

Der Spottname „Unrat" evoziert auch die Vorstellungen von Schmutz und Ärmlichkeit und steigert damit gerade Unrats gesellschaftlichen Minderwertigkeitskomplex, der begründet ist in der Diskrepanz zwischen wissenschaftlicher Selbstüberschätzung und niedrigem ökonomischen Status. Gegenüber seinem Schüler Lohmann, der ihm geistig überlegen ist und aus großbürgerlichem Hause stammt, gewinnt die Tatsache seiner schwachen ökonomischen Position besondere Bedeutung: „Unrat kochte allmählich von der Demütigung der schlecht bezahlten Autorität, vor der ein Untergebener sich in guten Kleidern spreizt und mit Geld klimpert.“ (19) Lohmann, der „niemals staubig aussah, immer saubere Manschetten trug“ (19), muß ihm mit seinem „fettigen Maurerhut“ (19) und „seinem bespritzten Kragenmantel“ (35) als Provokation erscheinen.

Sozialer Minderwertigkeitskomplex

Verhältnis zu Lohmann

Die Sprache Unrats

Die Sprache Unrats ist unmittelbarer Ausdruck seiner sozialen Position und seiner psychischen Struktur. Seine fehlende personale Autonomie, seine mangelnde Distanz zu seinen Schülern und seine eigene Schülerhaftigkeit reduzieren seine Sprache auf das Niveau einer hochgeschraubten, inhaltslosen Formelhaftigkeit:

Sprache als Spiegel

Hochgeschraubte Leerformeln

> „Er redete und dachte in ihrer Sprache, gebrauchte ihr Rotwelsch, nannte die Garderobe ein ‚Kabuff‘. Er hielt seine Ansprachen in dem Stil, den auch sie in solchen Fällen angewendet haben würden, nämlich in latinisierenden Perioden und durchwirkt mit ‚traun fürwahr‘, ‚denn also‘ und ähnlichen Häufungen alberner kleiner Flickworte, Gewohnheiten seiner Homerstunde in Prima; denn die leichten Umständlichkeiten des Griechen mußten alle recht plump mitübersetzt werden.“ (11)

Schülersprache

Der stets bittere Ernst, mit dem Unrat alle Dinge der Schule und des Unterrichts behandelt, verleiht seiner Sprache eine unfreiwillige Komik und treibt zuweilen skurrile Stilblüten – wenn er bei-

Sprachliche Komik

spielsweise in einer Stunde über Schillers „Jungfrau von Orléans“ die Schüler anherrscht, sie seien unwürdig, „an der erhabenen Jungfrauengestalt [...] Ihre geistlose Feder zu wetzen“ (8).

Sprache als Hindernis

Unrats Sprache ist selten Mittel der Kommunikation mit seinen Mitmenschen, sondern meist Hindernis, nie unverstellter Ausdruck seiner Gefühle oder Gedanken, immer aber Ausdruck seiner psychischen Defekte und Wahrnehmungsverzerrungen. Die Kluft zwischen der Sprache Unrats und der Sprache seiner Mitmenschen erzeugt wahrhaft komische Effekte. Vor allem im Kontrast zu Rosas unmittelbarer und unverstellter Sprache (vgl. S. 81) wird deutlich, wie wenig Unrat sich sprachlich auf das Niveau seiner Gesprächspartner einstellen kann.

Sprachkluft

Gesellschaftliche Isolation

In der Sprache offenbart sich Unrats gesellschaftliche Isolation, seine Entfremdung von seiner Mitwelt. „Mit dem Volk war keine Verständigung möglich“ (23), resümiert er seine Erfahrungen mit den Arbeitern im Hafenviertel, deren Mundart Unrat nach mehr als 20 Jahren immer noch nicht versteht.

Lateinische Denk- und Sprachstruktur

Unrats Denken bleibt im Grunde rückwärtsgewandt, was sich auch in der Struktur seiner Sprache spiegelt: Unrat denkt lateinisch. In getreuer Nachahmung des Römers Porcius Cato, der seine Reden mit der bekannten Bemerkung „Ceterum censeo Carthaginem esse delendam“ (Im übrigen bin ich der Meinung, daß Karthago zerstört werden sollte.) zu beenden pflegte, wütet er im Gerichtssaal: „Er stürzte sich von neuem auf Lohmann und rief ihm zu, daß die Macht seiner Kaste eine zu brechende sei.“ (125, auch 93) Unrat verwendet hier nicht, wie es der deutschen Stilistik angemessen wäre, die Modalverben „sollen“ oder „müssen“ – „Die Macht seiner Kaste soll/muß gebrochen werden“. Stattdessen überträgt er das lateinische Gerundivum (esse delendam) stilwidrig direkt ins Deutsche. Die stilistische Distanz zur Sprache seiner Zeit macht Unrat, so furchterregend seine Vernichtungsdrohungen auch anmuten, zur lächerlichen Karikatur seiner selbst.

Lohmann

Lohmann, Unrats Erzfeind Nr. 1, nimmt unter den Personen des Romans eine herausragende Stellung ein. Er entzieht sich „bei verbotenen Freuden der harten Zucht des Lehrers“ (33) und verschafft sich „Kenntnisse [...] außerhalb der Schule“; er ist nicht nur seinen Mitschülern geistig überlegen, sondern auch Unrat, dessen Macht er in Frage stellt. Lohmann, Bewunderer und Nachahmer des Lyrikers Heinrich Heine, besitzt damit jene geistige Unabhängigkeit und Souveränität, die Unrat nicht besitzt, und stellt so als Vertreter des Geistes die Gegenposition der Macht dar. Bemerkenswert ist zudem die Tatsache, daß seine Analysen und Reflexionen von ausgesprochener Schärfe und Treffsicherheit sind und häufig mit den Einschätzungen des auktorialen Erzählers übereinstimmen.

Verkörperung geistiger Unabhängigkeit

Geist gegen Macht

Übereinstimmungen mit dem Erzähler

Der talentvolle 17-jährige Konsulssohn mit dem „so hoch entwickelten Hirn“, den „der Geist berührt hatte“ (13), erscheint zunächst als positive Kontrastfigur zum Negativhelden Unrat. Es sind jedoch vor allem ästhetische und weniger moralische Gründe, die ihn zur offenen Opposition gegen Unrat bewegen. Seine geistige Überlegenheit geht von Anfang an einher mit seiner gesellschaftlichen Überheblichkeit:

Soziale Überheblichkeit

> „Was mußte nun einem Lohmann dieser hölzerne Hanswurst dort oben auf dem Katheder für einen Eindruck machen [...] Wenn Unrat ihn aufrief, [...] prüfte er aus verächtlich gesenkten Lidern die ärmliche Verbissenheit des Fragestellers [...] Schließlich warf er einen Blick auf seine eigenen geschliffenen Fingernägel.“ (13)

Nachdem Unrat ihn ins „Kabuff“ bugsiert hat, „staubte [Lohmann] sich ab an der Stelle, wo Unrat ihn angefaßt hatte“. (14)

Während seines Besuches in der Künstlergarderobe offenbart sich das ganze Charakterbild des frühreifen Adoleszenten. Mit einem „Panzer aus Spott“ (58) verschafft er sich eine unüberbrückbare Distanz zur Realität, an der er nicht als

Ironischer Zuschauer

Handelnder, sondern als „ironischer Zuschauer“ (58) teilnimmt. Die Wirklichkeit wird ihm zum bloßen Objekt intellektueller Betrachtung: „Der Gegenstand war doch gleichgültig für die Kunst.“ (63) Lohmann verleugnet seine eigene Kunst, als Unrat sein Gedicht „vom runden Mond“ als „ein Stück von seiner Seele zwischen seinen dürren Fingern umwendete“ (88).

Feiger Ästhetizismus

Weltverachtung und Selbstbespiegelung

Gleichsam das Gegenstück dieser ironisch-verächtlichen Distanzierung von der Welt ist seine egozentrische Selbstbespiegelung und die Kultivierung eines künstlich überspannten Gefühlslebens. In der mit mimischem Talent gespielten Rolle des Leidenden vereinigen sich eitle Extravaganz und melancholischer Weltschmerz, was bereits in seinem Äußeren zum Ausdruck kommt:

> „Lohmann war ein Mensch mit schwarzen Haaren, die über der Stirn sich bäumten und zu einer schwermütigen Strähne zusammenfielen. Er hatte die Blässe Luzifers und eine talentvolle Mimik.“ (12)

Masochistische Liebe

Der Bereich, aus dem sein Leiden erst erwachsen kann, ist die Liebe, die ihm zu einer einzigen masochistischen Leidenschaft wird: „Lohmann [...] lauschte drauf, wie er litt.“ (62) Ironisch spricht der Erzähler von seinen „wollüstigen Bitternissen“ (62), seiner „harmvollen Empfindung“ (63) und von seiner „Lust, köstlich zu weinen“ (63). Auch der nach zwei Jahren der Abwesenheit in seine Vaterstadt zurückgekehrte Lohmann

> „liebte die Dinge vor allem um ihres Nachklangs willen, die Liebe der Frauen nur wegen der ihr nachfolgenden bitteren Einsamkeit, das Glück höchstens der würgenden Sehnsucht zuliebe, die es in der Kehle zurückläßt“. (174)

Leidenspose

Da die Pose des einzigartig Leidenden seine eigentliche Identität stiftet, ist er ausgesprochen gekränkt, als „nun auch von Ertzum dank dieser lächerlichen Fröhlich in eine tragische Rolle geriet“. (91)

So wie ihm der Gegenstand gleichgültig „für die Kunst“ ist, bedeutet ihm auch das Objekt seiner Liebe als Person nichts. Die dreißigjährige Dora

Breetpoot erwählt er gerade deshalb zu seiner Geliebten, da sie aufgrund der gesellschaftlichen Umstände für ihn unerreichbar ist und seine Liebe unglücklich bleiben *muß*.

Modische Unbürgerlichkeit

Zu der „schüchterne[n], eitle[n] und trostreiche[n] Weltverachtung“ (62) gesellt sich das Bemühen des Großbürgersohnes, sich unbürgerlich zu gebärden. Der modekundige und modebewußte Lohmann orientiert sich in seiner Kleidung offenbar am französischen fin-de-siècle-Stil: „Er war ganz schwarz angezogen und hatte den schwarzen Hut auf dem Kopf behalten.“ (172) Da die soziale Heimat des eitlen Weltverächters außerhalb der bürgerlichen Gesellschaft liegt, sucht er den Blauen Engel als Ort des „düstere[n] Laster[s]“ (56) auf, der ihm freilich immer nur die malerisch verwegene Kulisse seines narzißtischen Ichs bleibt, aber immerhin – bei Champagner, verbotenen Zigaretten und beim kitzelnden Flirt mit der Kleinstadtkokotte – die Illusion echter Bohème zu erzeugen vermag. Sein Verhältnis zu Frauen und zur Sexualität ist zynisch: „Die körperliche Liebe ist schlechthin widerlich.“ (181) Als Rosa Unrat mit auf ihr Zimmer genommen hat, spottet er: „Auf Seele kommt es bei dem, was sie momentan betreibt, nicht gerade an. Sie handelt schlicht weiblich.“ (102)

Zynisches Frauenbild

Modetypus décadent

Im Bemühen um „Eigenart“ (184) wird Lohmann jedoch ganz offensichtlich zur Verkörperung eines ausgesprochen modischen, zeittypischen Charakters: des „décadent“. Gegen Ende des 19. Jahrhunderts wurde der aus Frankreich stammende schillernde Begriff der „Dekadenz“ zu einem Schlagwort und Modebegriff. In Deutschland machten vor allem Friedrich Nietzsche und Hermann Bahr den Dekadenzbegriff bekannt – beide hatten auf das Denken des jungen Heinrich Mann großen Einfluß. Bei Nietzsche wird der Begriff zunächst negativ im Sinne eines biologischen und kulturellen Niedergangs (Degeneration) gebraucht, später aber auch positiv im Sinne einer geistigen und kulturellen Verfeinerung und Höherentwicklung. Hermann Bahr stellte einen Merkmalkatalog der Dekadenz auf. Unter anderem be-

Nietzsches Dekadenzbegriff

Kriterien der Dekadenz:

stimmte er in einem Querschnitt von Einstellungen und Motiven Künstlichkeit und Antibürgerlichkeit als spezifische Kennzeichen des décadents. Gegen die banale Gewöhnlichkeit der Natur kämpft der „Dandy“ an in seinem Aussehen, in seinem Lebensstil und in der Gestaltung seiner zwischenmenschlichen Beziehungen. Gegen das Bild der Frau als vulgäres und schreckenbringendes Naturwesen („femme fatale“, vgl. S. 82f) stellt das Künstlichkeitsideal der Dekadenz die „femme fragile“, die „zarte, zerbrechliche, kränkliche Frau mit dem weißen Teint und den leidvollen Augen“. Gemeinsam ist allen décadents die Absetzung vom bürgerlichen Normalverhalten. Stets bemüht, die besondere Ausnahme zu sein, suchen sie ihre Antibürgerlichkeit vor allem gegen gängige Denk- und Fühlweisen und gegen konventionelle Moralvorstellungen zu beweisen. Dabei ist diese Antibürgerlichkeit nicht politisch bestimmt, sondern vielmehr Ausdruck einer allgemeinen diffusen Zivilisationskritik, die sich zuweilen mit einer gewissen Sympathie zum Anarchismus verbindet. Die Zugehörigkeit Lohmanns, der in Unrat den interessanten Anarchisten sieht, zum Typus des décadent ist unübersehbar. Zu einer Art Bewährungsprobe vor der Wirklichkeit wird Lohmanns Verhalten am Schluß des Romans:

– Künstlichkeit

– Antibürgerlichkeit

Bewährungsprobe des décadent

> „Unrat, der interessante Anarchist, beging ausgemachte Verbrechen [...] Da geriet denn der Kommentator ins Stocken, dem Zuschauer versagte das wohlwollende Lächeln. Lohmanns Geist, der durch so unglaubliche Erlebnisse noch nie erprobt worden war, warf alle Eigenart ab und antwortete auf ‚Verbrechen‘ ganz bürgerlich mit ‚Polizei‘.“ (184)

Versagen des Zuschauers vor der Wirklichkeit

Der „Kommentator“, der unbeteiligte „ironische Zuschauer“, hat vor der Wirklichkeit versagt. Hinter der ‚Befreiungstat‘ des inzwischen zum Handelskaufmann avancierten Lohmann steht nichts als der bürgerliche Instinkt zur Verteidigung des Besitzes: „Da hört's auf“ (184). So verkörpert Lohmann, „den der Geist berührt hatte“, zwar die einzige, aber dennoch eine sehr zweifelhafte und unreife Gegenposition zur Macht des Tyrannen.

Geist als unreife Gegenposition der Macht

Rosa Fröhlich

Das wenige, was der Leser über Rosas Vorgeschichte erfährt, stammt aus dem Munde Guste Kieperts, die ihren ‚Schützling' Rosa dem Gymnasialprofessor anzupreisen weiß. Als Tochter eines Krankenpflegers (68) habe sie sich schon in jungen Jahren aus „purer Menschlichkeit" vorzugsweise älterer Herren erbarmt. Mit 16 Jahren war sie bereits ledige Mutter und lebte in der Obhut der Kiepert von Tingeltangel und verdeckter Prostitution.

Jugend

Rosa Fröhlich erweckt jedoch keineswegs den Eindruck eines gramvollen ‚gefallenen Mädchens', vielmehr erscheint sie – wie ihr sprechender Name schon sagt – als ein fröhlicher Mensch, der ohne große Zukunftssorgen oder moralische Skrupel in den Tag lebt und die Freizügigkeiten seines Berufes durchaus zu genießen weiß. In der charakteristischen kosmetisch erzeugten Buntheit ihres Gesichtes und ihrer gesamten Erscheinung drückt sich zum einen – im Kontrast zur grauen Lebensfeindlichkeit Unrats (s. S. 70) – ihre Lebendigkeit aus, zum anderen aber auch das Schillernde, Launische und Nicht-Harmonische ihrer Persönlichkeit. Auch Rosa ist kein autonomes, selbstbestimmtes Subjekt, sondern ein fremdbestimmtes Objekt, das sich verkaufen muß: „ein stark bewegter Gegenstand, etwas, das Arme, Schultern und Beine, irgendein Stück helles Fleisch, bestrahlt von einem hellen Reflektor, umherwarf". (39) Die Widersprüchlichkeit ihrer Existenz ist ihr zuweilen selbst bewußt: „Das is ja man die glänzende Außenseite […] Drinnen is nichts als graues Elend." (82)

‚Fröhlich'

Bunte Erscheinung

Objekt

Widersprüchlichkeit

Als Unrat auftaucht, sieht sie die Chance einer dauerhaften materiellen Absicherung ihrer Existenz, wobei sie an den Titel Professor irrtümlich die Vorstellung von Wohlhabenheit knüpft: „'n Professor muß doch Geld haben!" (146) Bei aller Berechnung und moralischen Bedenkenlosigkeit erscheint Rosa jedoch als völlig durchschnittliche Person, die keineswegs schlechter ist als die Um-

Berechnung

Durchschnittsmensch

gebung, der sie entstammt und die den Rahmen ihres Handelns bestimmt. Die Derbheit und die Unmittelbarkeit ihrer Sprache – sie spricht berlinerisch – verleihen ihr sogar ausgesprochen sympathische Züge – „Nu wer ich Frau Unrat! Ich lach mir ja'n Ast." (140)

Sympathische Züge

Wenn sie Unrat als „eine fremde Macht" und als ein „verwirrender Geist" Achtung abnötigt, obwohl sie von jeder humanistischen Bildung weit entfernt ist, dann ist dies wohl weniger auf die Besonderheit oder Einzigartigkeit ihrer Person zurückzuführen, als darauf, daß der verknöcherte Unrat in ihr erstmals der ihm noch unbekannten Macht der Liebe und der Anziehungskraft der Erotik begegnet.

Verkörperung der Erotik

Mit Respekt blickt Lohmann gegen Ende des Romans auf die Entwicklung der Künstlerin Fröhlich „Von der Chanteuse des Blauen Engels zur *Demi-Mondaine* hohen Stils" (174) zurück. Rosas bemerkenswerte Entwicklung ist weitgehend das Ergebnis der Beeinflussung durch Unrat, der von Rosa Besitz ergreift, um mittels ihrer Schönheit die verachtete Masse der Bürger ästhetisch und ethisch zu verderben und damit Rosa zu einem „Instrument seiner Rache" zu machen. So geht er mit unermüdlichem Eifer daran, sie zu einem Mythos, einer Sagengestalt, zu überhöhen: Er macht aus der Tingeltangel-Sängerin und Prostituierten die „hehre Künstlerin Fröhlich", stellt sie „hoch über die Menschheit" und erklärt sie zum „heiligste[n] der Güter" (97). Rosa spielt nun diese von Unrat entworfene Rolle nicht nur, sondern lebt sie als neue Identität:

Gesellschaftlicher Aufstieg

Mythisierung

Neue Identität

> „Unrat wiederholte ihr so standhaft, wie hoch sie stehe und wie wenig die Menschheit ihren Anblick verdiene, daß sie anfing, sich selbst sehr ernst zu nehmen." (139)

Lohmann hat wiederum scharfsichtig den psychologischen Wirkungsmechanismus erkannt, dem Rosa ihr neues Selbstbewußtsein verdankt:

> „Zwischen ihr und ihrem Publikum, der Stadt, hatte augenscheinlich eine Art von gegenseitiger Beschwindelung stattgefunden. Sie hatte sich als

repräsentative Schönheit gebärdet, war allmählich dafür angesprochen worden und hatte es selbst wieder den Leuten geglaubt." (175)

Betrug und Selbstbetrug

An der Seite Unrats, dem sie ihr neues Selbstwertgefühl verdankt, erliegt sie selber der ‚Arroganz der Macht', wenn sie sich etwa an der entwürdigenden Demütigung Lohmanns durch Unrat beteiligt (110). Auf dem Gipfel ihres gesellschaftlichen Ansehens, eitel und empfänglich für Unrats Schmeicheleien, berauscht sie sich am Ende selbst am Gefühl der destruktiven Macht und wird nicht nur Instrument Unrats, sondern auch seine Mittäterin. Rosa trägt die Verantwortung dafür, daß der Schüler Jakobi fast ertrunken wäre:

Neues Selbstwertgefühl

Instrument und Kumpanin Unrats

„Sie war unerschöpflich. Sie trieb Tag und Nacht das Rudel ihrer Verehrer umher [...] alles unter listigem Geblinzel auf Unrat, der sich die Hände rieb. Sie verlangte jeden auf die Probe zu stellen." (154)

Da die Wirklichkeit für sie zu einem Spiel geworden ist, in dem sie ihre Persönlichkeit gegen eine neue Rolle ausgetauscht hat, betrachtet sie die wirkliche Ehe mit Unrat nun als eine Komödie:

Ehekomödie

„Erstens spielte sie verheiratet. Es war ihr unmöglich, es anders aufzufassen. Wie sie ihrem alten Unrat damals mitten auf der Straße ihre Mimi zugeschickt hatte – das war fein gewesen, dabei hatte man ordentlich was gespürt." (166)

Wenn Rosa als Verkörperung der Schönheit zur Verderberin der kleinstädtischen Bürger wird, so verkörpert sie dennoch zu keinem Zeitpunkt die ‚femme fatale', die sozusagen aus ihrer Natur heraus die Menschen ins Verderben ziehen muß. Dies mag ein Vergleich mit Nana, der Heldin des gleichnamigen Romans von Emile Zola (1880), verdeutlichen. Nana, halb Tingeltangeltänzerin, halb Prostituierte, hat Heinrich Mann bei der Zeichnung Rosa Fröhlichs in manchen Zügen unverkennbar Modell gestanden. Auch das Verhältnis Rosas zu Unrat ist dem Verhältnis Nanas zum alternden Grafen Muffat nicht unähnlich:

Keine ‚femme fatale'

Vergleich mit Zolas „Nana":

– Gemeinsamkeiten

„Er wurde älter und lebenserfahrener. Ohne Fleischeslust kennenzulernen, strenger religiöser

> Pflichterfüllung ergeben, lebte er ein Leben, das nach Vorschriften und Gesetzen eng geregelt war. Und jetzt warf man ihn da unversehens in diese Schauspielergarderobe vor dieses nackte Mädchen. [...] Sein ganzes Wesen lehnte sich dagegen auf, die langsame Inbesitznahme durch Nana, die ihn seit einiger Zeit umgarnte." (171)

– Unterschiede

Doch interessanter als gewisse Ähnlichkeiten sind – im Hinblick auf die Charakterisierung Rosas – die Unterschiede zwischen Rosa und Nana. Der Leser weiß, welchen Anteil Unrat daran hat, daß Rosa zur Verderberin einer ganzen Reihe von Männern wurde; und er kennt die gesellschaftlichen Bedingungen und psychischen Mechanismen, die Rosa zu Unrats Kumpanin gemacht haben. Die männerverderbende Nana hingegen handelt als eine „femme fatale", als ein bösartiges, triebbestimmtes Naturwesen, was der Erzähler unmißverständlich ausspricht: „Nana lächelte unentwegt, aber es war ein böses Lächeln, das Lächeln eines männerfressenden Weibchens." (38)

Heinrich Manns Perspektivismus

Der Erzähler eines epischen Werkes hat die Aufgabe, dem Leser die fiktive Welt des Romans zu vermitteln. Der Erzähler des „Professor Unrat“ vermittelt diese Welt aus verschiedenen und wechselnden Perspektiven. In der Eingangspassage des Romans beschreibt der auktoriale (allwissende) Erzähler das Geschehen gleichsam ‚von oben‘, gibt aus der überlegenen Distanz seiner Allwissenheit heraus die Gründe für das Verhalten seiner Figur preis. Gleich der erste Satz ist ein Kausalsatz: „Da er Raat hieß, nannte ihn die ganze Stadt Unrat. Nichts konnte einfacher und natürlicher sein.“ (5) Der Erzähler kennt seine Figur und legt gleich zu Beginn ihre wesentlichen Charakterzüge offen: Unrat ist „scheu und rachsüchtig“ etc.

Erzählperspektiven:

– auktorialer Erzähler

Neben dem auktorialen Erzähler, der mehr weiß als seine Figuren selbst und reflektierend, kommentierend oder auch korrigierend in das Geschehen eingreift, findet sich der neutrale Erzähler, der kommentarlos und ‚von außen‘ berichtet oder beschreibt, was er beobachtet. „Nächsten Spätherbst nun, an einem Vormittag um elf, in der Pause vor dem Klassenaufsatz über die Jungfrau von Orléans, geschah es, ...“ (6)

– neutraler Erzähler

Während auf den ersten Seiten zunächst mit auktorialer Distanz reflektiert wird und das Handeln, Reden, Fühlen und Denken der Personen neutral wiedergegeben wird, erscheint bald eine neue Sichtweise:

> „‚Sie haben noch fünfviertel Stunden‘, bemerkte Unrat gleichmütig, während er innerlich jubelte. Dieses Aufsatzthema hatte noch keiner gefunden von den unglaublich gewissenlosen Schulmännern, die durch gedruckte Leitfäden es der Bande ermöglichten, mühelos und auf Eselsbrücken die Analyse jeder beliebigen Dramenszene herzustellen.“ (9)

– personaler Erzähler / erlebte Rede

Im fließenden Übergang entwickeln sich aus der wörtlichen Rede Unrats seine unausgesprochenen Gedanken. Hier verschwindet der personale Erzähler gleichsam hinter seiner Romanfigur und beschreibt die Dinge aus ihrer Sicht und mit ihren Augen. Tatsächlich aber spricht nicht Unrat, sondern der Erzähler. Diese „erlebte Rede" als eine Darstellungsform der Innensicht ist nicht grammatisch zu erkennen, sondern nur aus dem Kontext des Erzählten zu erschließen. Es ist eindeutig nicht der Erzähler, der die Schüler durch das Aufsatzthema „hineinlegen" will, sondern Unrat selbst. Die Zuordnung wird erleichtert durch die Inquit-Formel „bemerkte Unrat" und durch die Verwendung bestimmter Vokabeln – der verächtliche Begriff „Bande" entstammt dem Wortschatz Unrats. Wenn auf Inquit-Formeln verzichtet wird, ist die personale Perspektive gelegentlich schwer vom neutralen Erzählerbericht zu unterscheiden: „eine empörte Klasse von 50 000 Schülern tobte um Unrat her". (26) Tatsächlich hat Unrat keineswegs 50 000 Schüler, also alle Bürger der Stadt, gegen sich, wie ein Hinweis des auktorialen Erzählers klarstellt, der hier als selbständiges Aussagesubjekt besonders deutlich auftritt:

> „Unrat hatte nie bemerkt, daß die Gesichter hier draußen und wenn die Zeit hinging, bald ganz gleichgültige Mienen behielten beim Gedanken an Professor Unrat, und daß sie später sogar wohlwollende annahmen." (26)

Subjektivierung

Heinrich Manns Roman ist gekennzeichnet durch eine ausgesprochen häufige Verwendung der Binnenperspektive, nicht nur Unrats, sondern auch Lohmanns, Rosas und von Ertzums. Die Aussagen des personalen Erzählers sind aber immer nur subjektive Wahrnehmungen der Realität und deshalb auch immer nur partiell „wahr"; es wird zur Aufgabe des Lesers, sich aus subjektiven Brechungen der fiktiven Realität in den Personen und im Wechsel der Erzählperspektiven sein Bild von der Romanwirklichkeit zu machen. Wenn etwa gesagt wird: „Unrat kochte allmählich von der Demütigung der schlecht bezahlten Autorität, vor der ein Untergebener sich in guten Kleidern spreizt und mit Geld klimpert“ (19), so ist keine der in diesem Satz gemachten Aussagen von vornherein „wahr“. Unrats „Autorität“ ist durchaus fragwürdig. Lohmann ist nur in Unrats Wunschvorstellungen ein „Untergebener“; die letzte Aussage ist nicht schon deshalb falsch, weil sie von Unrat stammt. Tatsächlich stimmt sie überein mit einem neutralen Erzählerbericht: Lohmann „prüfte [...] aus verächtlich gesenkten Lidern die ärmliche Verbissenheit des Fragestellers [...]. Schließlich warf er einen Blick auf seine eigenen geschliffenen Fingernägel.“ (13)

Relativierung der Realität

Die Technik des „Perspektivismus“, die Heinrich Mann von den französischen Autoren Flaubert und Maupassant übernommen hat, erlaubt eine stärkere Psychologisierung des Geschehens und macht die Personen unmittelbarer und glaubwürdiger als die bloße Außensicht auf die Figuren.

Perspektivismus

Psychologisierung

Der Perspektivismus wird besonders deutlich in den Kapiteln 2 und 3. Die Beschreibung der Stadt erweist sich dort nicht als neutraler Erzählerbericht, sondern als Unrats verzerrte Wahrnehmung der Realität.

Außenwelt als Projektion der Innenwelt

Die durch die personale Sichtweise und die sprachliche Projektion der Wahnvorstellungen auf die Objektwelt ermöglichte Identifikation mit dem Protagonisten Unrat wird jedoch auf die Spitze getrieben und ironisch wieder zerstört, wenn der Erzähler auch den Mond zu einem übelwollenden Widersacher Unrats macht:

Identifikation und Distanzierung

> „Schief über einem Giebel lugte manchmal der gelbe halbe Mond: ein höhnisches Auge, das gleich wieder das Lid einkniff, so daß ihm sein Hohn nicht zu ‚beweisen‘ war.“ (25)

Die Sprache des Erzählers

„Ansteckung" der Erzählersprache durch Figurensprache

Die Sprache des Romans ist über weite Passagen geprägt durch die „‚Ansteckung' der Erzählersprache durch die Figurensprache" (Stanzel, 249). Dadurch daß der Erzähler bestimmte Floskeln oder für eine Person typische Begriffe in seine Sprache einfließen läßt – entweder durch Anführungszeichen gekennzeichnet oder als „indirektes Zitat" –, entsteht eine gewisse Ironisierung der Figuren, aber auch eine Verstärkung des personalen Elementes. Die vom Erzähler selbst apostrophierten Begriffe „fassen", „hineinlegen", „Nebendinge" etc. sind gleichsam fortwährende Zitate aus dem Bewußtsein Unrats und verweisen auf die Zwangsvorstellungen des Tyrannen.

Leitwörter und Leitmotive

Über dem ganzen Roman liegt ein dichtes Netz von Leitwörtern und Leitmotiven. Ständig wiederkehrende bildhafte Formeln der Personenbeschreibung wie der „grüne", „giftige", „trockene", „spöttische" oder „falsche" „Blick", das „giftige" Lächeln (5), die „Augen einer wütenden Katze", die stereotype Verwendung des Verbs „schleichen" zur Beschreibung seiner Bewegungen etc. markieren die Deformation seiner Persönlichkeit, die Zwangsrolle Unrat, die ihn zu einem Wesen „zwischen Spinne und Katze" macht.

Expressiv-poetische Sprache

Einer besonders ausdrucksvollen Sprache bedient sich der Erzähler, wenn es gilt, die Depressionen Unrats anschaulich darzustellen. Der direkte Wechsel von psychologisierender Binnensicht und objektivierender Außensicht verleiht der Darstellung des leidenden Protagonisten eine besondere Eindringlichkeit. Die verschlungene und immer wieder unterbrochene Syntax des Erzählers spiegelt Unrats psychische Erschütterungen. Dabei finden die seelischen Katastrophen, die er durchleidet, ihren sprachlichen Ausdruck in einer expressiven Metaphorik, die ihre Bilder vor allem aus dem Bereich elementarer Naturgewalten und Naturkatastrophen bezieht:

> „Die Künstlerin Fröhlich gehörte jedem. Unrat klammerte die Hände vor sein von Blut gepeitschtes Gesicht. Seine späte Sinnlichkeit – diese einem vertrockneten Körper kraft langsamer unterirdischer Verführung entrungene Sinnlichkeit, die, gewaltsam und unnatürlich flakkernd, sein Leben verändert, seinen Geist zu Extremen getrieben hatte, sie quälte ihn jetzt mit Bildern.“ (128)

Farbsymbolik:

Zur Steigerung der Aussageintensität erlangen auch die im Roman verwendeten Farben symbolische, über sich selbst hinausweisende Bedeutung. Die allmähliche Annäherung Unrats an die Künstlerin Rosa Fröhlich vollzieht sich gleichsam „durch Nacht zum Licht“. Unrat, dessen farblos-finstere Existenz durch die Farbe grau gekennzeichnet ist (z.B. 5, 84, 95, 115, 144), wird ernstlich irritiert durch die Künstlerin Fröhlich, deren Vorname eine Farbe bezeichnet: „diese – gewiß denn freilich – Künstlerin Rosa – Rosa – “ (15f). Immer wieder „umflog etwas wie eine rosa Wolke“ schamvoll sein Gesicht (15). Durch Viertel, wo es „ganz dunkel“ (26) war, „auf dunklen Straßen“ schleichend (34), vorbei an der schwarzen Silhouette seiner Kollegen (35) und den gespenstisch schwarzen Schiffen (36), erreicht er endlich das Ziel seiner Suche, den Blauen Engel.

– grau

– Rosa

Der Blaue Engel erscheint nun als Verheißung des lang Ersehnten – Assoziationen zur „blauen Blume“, dem Symbol romantischer Sehnsucht, stellen sich ein. Tauchten auf dem Weg durch die finstere Nacht nur einige wenige farbige Lichtpunkte auf (gelber Mond, rote Laterne 26), so tritt nun der Blaue Engel als Ort buntesten Treibens in Unrats Leben. Das „bunte Gesicht“ Rosa Fröhlichs steht nun als „pars pro toto“ für die Künstlerin selbst (13 mal) und für die neue Lebendigkeit, die Unrats graue Existenz zu neuem Leben erweckt.

– blau

– bunt

In ihrem farbig geschminkten Gesicht findet sich wiederum das verheißungsvolle Blau als Farbe ihrer Augen, aber auch das tiefe Schwarz ihrer Augenbrauen. Als Farbe ihres Netzkleides, ihrer Strümpfe (47) und Unterwäsche wird die Farbe Schwarz zum Symbol sinnlicher Triebhaftigkeit: „Ihre Korsage stand schon offen, und Unrat bemerkte mit einer Art Schreck, daß sie unter den Kleidern überall schwarz war und glänzte.“ (72) Das „bunte Gesicht“ Rosas taucht zum letzten Mal auf, als sie die Worte Homers spricht (140) und sich damit Unrat scheinbar total unterwirft. Nun, da Unrat den Plan gefaßt hat, sie als ‚erotischen Köder‘ auszuwerfen, an dem seine vermeintlichen Widersacher zugrundegehen sollen, erscheint die Familie in neuem Glanz: im eleganten Weiß, der Farbe der Unschuld und Reinheit, aber auch der blendenden Fassade:

– schwarz

– weiß

> „Die Künstlerin Fröhlich trug weiße Schuhe und weiße Federboas zu weißen Voilekleidern. Sie sah frisch und luftig aus mit ihrem flatternden weißen Schleier an ihrem Crêpe-lisse-Hut und mit ihrem weißen Kind an der Hand. Auch Unrat bekam einen weißen Strandanzug.“ (142)

Doch Unrat, der sich im weißen Kostüm des mondänen Ehrenmannes nun vollends seinem Haß hingibt und die Zerstörung der Stadt anstrebt, stürzt am Ende doch wieder ins bedeutungsvolle „Dunkel“ der Polizeidroschke, an der Seite Rosas.

Erzählweise und Realismuskonzeption

Von der Geschichte des gestürzten Tyrannen geht eine Faszination aus, der sich wohl kaum ein Leser entziehen kann. Diese Faszination wird jedoch nicht nur bewirkt durch die denkwürdige „story“, sondern auch durch die besondere Art ihrer Präsentation.

Faszination des Lesers

Wir haben gesehen, daß der Erzähler das „Ende eines Tyrannen“ vor dem Hintergrund einer Gesellschaft inszeniert, die sich auf einem sehr instabilen Fundament befindet (Gefühl von Leere und Sinnlosigkeit, fragwürdiger Begriff von Sittlichkeit etc.), und daß die Repräsentanten bestimmter gesellschaftlicher Gruppen und Institutionen fast durchweg negativ gezeichnet, ja zu Karikaturen überzeichnet werden: Unrat selbst erscheint gewissermaßen als Karikatur des humanistisch Gebildeten, Lohmann verkörpert den eitlen décadent. Pastor Quittjens trägt die typischen Züge kirchlicher Bigotterie, Schuhmachermeister Rindfleisch wird zur Karikatur pietistischer Frömmelei, Kiepert zur Witzfigur eines Sozialdemokraten etc. Die Ironie, mit der der Erzähler seine Figuren lächerlich macht und verspottet, ja schon die Auswahl gerade dieser Figuren als Vertreter bestimmter Gruppen und Institutionen ist ganz offensichtlich Ausdruck einer satirischen Absicht, die darauf zielt, diese Gesellschaft kritisch in Frage zu stellen. Dabei kommt der Satire, die ihren Gegenstand überzeichnet, lächerlich macht, dem Spott und der Kritik ausliefert, zwangsläufig eine politische Bedeutung zu – sie ‚macht Sinn‘, indem sie ablehnt oder in Frage stellt.

Figuren als Karikaturen

Satirische Überzeichnung

Es wäre wohl aber nicht richtig, im Protagonisten des Romans lediglich eine Zielscheibe des Spottes zu sehen. Zwar geht die Gesellschaftskritik des Romans von seiner Person aus, zwar wird er als ein abstoßendes Wesen dargestellt, aber gleichzeitig erregt er auch ein gewisses Mitleid beim Leser, der die Welt ja vor allem aus der Perspektive Unrats erlebt – eine gewisse Identifikation des Lesers kann nicht ausbleiben. Die Gestalt Unrats wird möglicherweise sogar weniger satirisch-spöttisch überzeichnet als grotesk verzerrt. Das Wort „grotesk" leitet sich ab vom italienischen „grottesco", mit dem Ende des 15. Jahrhunderts im Italien der Renaissance eine bislang unbekannte Art von Ornamentik bezeichnet wurde, die anstelle dinglicher Gegenstände aus der Wirklichkeit unwirkliche „Monstren" oder Dämonen darstellte und dabei häufig Menschliches und Tierisches vermischte, Komisches und Grausiges nebeneinanderstellte (Schöpker, 101ff).

Groteske Verzerrungen

Wolfgang Kayser stellt fest, daß zwar „die Karikatur und [...] die Satire in der Nähe des Grotesken liegen", sieht aber das eigentlich Charakteristische des Grotesken darin, daß der Leser von ihm eigentümlich betroffen wird und in eine gewisse Ratlosigkeit gerät. Diese Ratlosigkeit scheint dadurch bedingt, daß das Groteske anders als die Satire keine Sinndeutung des Dargestellten versucht, sondern lediglich Ausdruck einer fremden, ja entfremdeten Wirklichkeit ist. Unrats grausig-monströse Ausbrüche, seine animalischen Züge („etwas zwischen Spinne und Katze") einerseits und seine Armseligkeit, Hilflosigkeit und Tölpelhaftigkeit andererseits („Hei speelt Blindekoh", 38) machen ihn zu einer grotesk verfremdeten Gestalt, zur Verkörperung eines geradezu „dämonischen Machtprinzips" (Schöpfker, 110).

Wesen und Wirkung des Grotesken

Unrat geht weder auf im Tendenziös-Satirischen noch im Unerklärlich-Grotesken. Der Roman gewinnt seinen charakteristischen Reiz gerade dadurch, daß er sehr verschiedene Stilelemente ineinander verschränkt. Wenn es darum geht, Unrats Verfolgungswahn anschaulich zum Ausdruck zu bringen, bedient sich der Autor einer Darstellungsweise, die auf frappierende Weise die Ausdrucksformen des filmischen Expressionismus vorwegzunehmen scheint: 1920 machte der Gruselfilm „Das Kabinett des Dr. Caligari" Furore,

Stilmischung

Expressionistische Darstellungstechnik

der versuchte, Stilelemente expressionistischer Malerei auf den Film zu übertragen. Besonderes Kennzeichen dieses Films über einen Irrenhausdirektor, der in einem Doppelleben zugleich Jahrmarktschausteller ist, ist der „zackige, eckige Schwarz-Weiß Stil mit stürzenden Mauern, drohenden gespenstischen Schatten und dämonisch verhexten Gestalten“ (Riess, 119). Die Außenwelt erscheint unheimlich, verzerrt: Schiefe, stets umzustürzen drohende Häuser stehen in den Straßen, Bäume sehen aus, als wären sie die Hände eines Ungeheuers, finstere Treppen verbergen Abgründiges. Gesichter sind unnatürlich geschminkt und mit scharfen Strichen verunstaltet. Diese Szenerie ähnelt durchaus der nächtlichen Kleinstadt, wie Unrat sie in der Dunkelheit wahrnimmt:

> „der Wind trieb die Wolken fort. Die Gaslaternen flackerten rot. Schief über einen Giebel lugte manchmal der gelbe Mond: ein höhnisches Auge, das gleich wieder das Lid einkniff, so daß ihm sein Hohn nicht zu ‚beweisen‘ war“. (25)

Unrats innere Wahnvorstellungen werden mit Hilfe dieser Darstellungstechnik nach außen projiziert und erzeugen so eine wahrhaft gespenstische Atmosphäre, wie sie auch im folgenden Textabschnitt spürbar ist:

> „So rettete er [Unrat] sich, ehe er's selber wußte, in die abgelegenste Gegend, wo am Ende einer langen stillen Gasse das Stift der alten Fräulein stand. Ein paar huschende Wesen in halblangen ‚Mantillen‘ und mit Tüchern um den Kopf kehrten verspätet heim [...], klingelten verstohlen, zergingen in einer Türspalte. Eine Fledermaus beschrieb Zacken über Unrats Hut.“ (26)

Oder auch später:

> „Bogen, Türme, Brunnen stachen ihre von Arabesken umrankten Schattenrisse in die gotische Mondnacht [...] Wenige Schritte weiter glänzte die breite Scheibe eines Lokals, in dem sich viele von Unrats Kollegen allabendlich um das Bier scharten. Auf der Gardine erschien schwarz abgezeichnet der spitzbärtige, mit dem Mund klappende Kopf eines Oberlehrers“. (34f)

Darstellungsprinzip:
– Übertreibung / Übersteigerung

Charakteristisch für alle benutzten Stilelemente und für die einzelnen Handlungsmomente des Romans ist jeweils eine bestimmte Übertreibung, Zuspitzung, Überzeichnung oder Verzerrung des Dargestellten. Anders als etwa in den Romanen Theodor Fontanes bemüht sich der Erzähler des „Professor Unrat" überhaupt nicht, die äußeren Gegebenheiten, das Aussehen des gewählten Schauplatzes „realistisch", d.h. möglichst wirklichkeitsgetreu abzuschildern, um die Fiktion von Wirklichkeit zu schaffen.

– Verzicht auf Wirklichkeitstreue

Während Fontane vom Roman fordert, er wolle uns „unter Vermeidung alles Übertriebenen und Häßlichen eine Geschichte erzählen, an die wir glauben", zweifelt Heinrich Mann am Wert von Geschichten, in denen die Ereignisse „grundsätzlich nicht übertrieben und auch nicht abgeschwächt, die Personen weder verschönt noch verhäßlicht" werden (König, 23). In einem Vortrag von 1931 stellt er fest:

Gegen „Berichterstattersprache"

> „Die großen Romane sind immer und ausnahmslos übersteigert gewesen – weit hinausgetrieben über die Maße und Gesetze der Wirklichkeit. Das Denken und Fühlen der Menschen war in ihnen heftiger und entschlossener, das Schicksal gewaltiger [...] Die großen Romane haben Stil – keine Berichterstattersprache, sondern die gespannte und zum äußersten entschlossene Haltung dessen, der aufs Ganze geht." (König, 24)

Literatur als Erkenntnisinstrument

Hinter diesem im „Professor Unrat" auf die Spitze getriebenen Prinzip der Übertreibung und Übersteigerung steht das Anliegen des Autors, mit Hilfe der Literatur Erkenntnisse zu gewinnen und zu vermitteln über das Wesen der Gesellschaft, das nicht mit ihrem Erscheinungsbild übereinstimmen muß. Die verborgene Wesenhaftigkeit muß durch die Mittel der Literatur erst erkennbar gemacht werden. Heinrich Mann formuliert in seinem Essay „Dichtkunst und Politik" (1928):

Dichtkunst = Leben vermehrt um Erkennbarkeit

> „niemand lehrt das Wissen um das gesellschaftliche Leben und um das Leben schlechthin wie unsere Kunst, die Dichtkunst. Denn sie lehrt es auf dem Weg der Erfahrung, da Dichtung das

Leben selbst, vermehrt durch Erkennbarkeit, ist". (nach H. König, 23)

In diesem Sinne ist auch Heinrich Manns verschlüsselte Charakterisierung seines Romans „Professor Unrat" zu verstehen: „eine komische Handlung, tragisch bestimmt, die lustige Fratze, darunter die harte Wahrheit selbst". (nach Wolff, 13) Die in ihrem Wesen erkannte gesellschaftliche Wirklichkeit – „die harte Wahrheit selbst" – muß auf eine bestimmte Weise gestaltet, d.h. erzählt werden, damit der Leser sie als solche erkennen kann. In der Absicht, die Wirklichkeit – die „harte Wahrheit selbst" – erkennbar zu machen, setzt der Autor verschiedene Gestaltungsmittel ein: Heinrich Mann nennt zunächst die tragikomische Handlungsführung („eine komische Handlung, tragisch bestimmt"). Das „Ende eines Tyrannen", Unrats klamaukhaften Sturz kopfüber und wassersprudelnd in den Gefängniswagen, nimmt der Leser keineswegs mit befreiendem innerem Beifall oder mit einem schadenfrohen „Geschieht ihm recht!" zur Kenntnis. Das Bild der „lustigen Fratze" verweist auf die grotesken Verzerrungen vor allem des Protagonisten.

„Lustige Fratze – harte Wahrheit"

Tragikomische Handlungsführung

Heinrich Mann bezeichnet seine Romane als „innere Zeitgeschichte" (Klett Editionen, 10) und stellt sie ganz ausdrücklich in einen historisch-gesellschaftlichen Bezugsrahmen:

Roman als „innere Zeitgeschichte"

> „Durchweg sind meine Romane soziologisch. Den menschlichen Verhältnissen, die sie darstellen, liegen überall zugrunde die Machtverhältnisse der Gesellschaft. Die am häufigsten von mir durchgeführte Idee ist eben die der Macht. [...] Ich hatte, wo immer ich saß und fremde Zeitungen las, das Problem des deutschen Kaiserreiches in mir." (nach Klett Editionen, S. 10)

Idee der Macht

Der Autor bezeichnet seine Romane als „soziale Zeitromane" und knüpft mit dieser Gattungsbezeichnung an die Tradition des Gesellschaftsromans an, der sich in Deutschland erst gegen Ende des 19. Jahrhunderts fest etabliert hatte. Anders als der deutsche Bildungsroman, der vor allem den Bildungsgang bildsamer Individuen verfolgte, richtete der Gesellschaftsroman vor dem Hinter-

Sozialer Zeitroman

grund der ökonomischen Umwälzungen des 19. Jahrhunderts nun sein Interesse vor allem auf den Zustand der Gesellschaft. In zahlreichen Werken werden nun breite Sozialpanoramen gemalt, repräsentative Querschnitte durch die Gesellschaft entworfen, stets darum bemüht, das Leben der Gesellschaft in ihrer Zeit und in aller Breite zu erfassen.

„Professor Unrat": Ausschnitte und Schlaglichter statt Gesellschafts-panorama

Die Gültigkeit des Begriffs „sozialer Zeitroman" für den Roman „Professor Unrat" muß jedoch insofern relativiert werden, als sich der Autor keineswegs darum bemüht, ein breites und repräsentatives Gesellschaftspanorama zu entwerfen (was schon angesichts des vergleichsweise geringen Romanumfangs kaum möglich wäre). Der „vierte Stand" beispielsweise, das Proletariat, wird so gut wie völlig ausgespart. Der Autor leuchtet gesellschaftliche Räume nicht aus, sondern wirft vielmehr flüchtige, aber bezeichnende Schlaglichter auf kleine, manchmal sogar zufällig erscheinende, dabei jedoch vielsagende Ausschnitte aus der Realität. Und indem er den Protagonisten zum Typus überhöht, in dem sich ein absolut gesetztes tyrannisches Prinzip verkörpert, mag er den eigenen Ansprüchen an seine Romankunst genügen: die „harte Wahrheit selbst" zu zeigen, das „Leben vermehrt um Erkennbarkeit" zu sein oder „die innere Zeitgeschichte" zu schreiben, „die noch niemand sieht oder wahr haben will, bis Schicksalstage sie furchtbar bekräftigen." (Klett Editionen, S. 10)

„Der blaue Engel“ – Die Verfilmung des Romans

„Der blaue Engel“, 1930 vom österreichisch-amerikanischen Regisseur Joseph von Sternberg gedreht, gilt als ein Klassiker und Markstein in der Geschichte des deutschen Tonfilms. Wie von Sternberg in seinen Erinnerungen mitteilt, hat er vor der Verfilmung des Romans das Einverständnis des Autors eingeholt, die Struktur des Romans durch Auslassungen und Ergänzungen zu verändern, um auf diese Weise seine Vorstellungen von „visueller Poesie“ verwirklichen zu können. Freilich muß sich ein Film einer anderen ‚Sprache‘ bedienen als ein Roman. Veränderungen der Romanvorlage sind daher unumgänglich, was Heinrich Mann selbst bewußt war: „Gerade ein wirklicher Roman ist nicht ohne weiteres verfilmbar. Er hat viele Seiten, und nur eine ist dem Film zugewendet.“

Tonfilmklassiker

Visuelle Poesie

Tatsächlich bescheinigen die meisten Kritiker der Verfilmung dem Regisseur eine raffinierte und virtuose Gestaltung der filmischen Sprache, z.B. die „ingeniöse Verwendung des Tons“, die gelungene „optische Verdichtung der Atmosphäre“ durch „symbolische Objekte“ und ein „nuancierte[s] Spiel von Schatten und Lichtreflexen“.

Virtuose Tonfilmtechnik

Über die notwendige Neugestaltung einzelner Elemente hinaus hat der Film jedoch auch den eigentlichen Aussagekern des Romans erheblich verändert. Die Veränderungen betreffen die Fabel und die Charaktere. Mit der Absicht, seine Schüler von ihren sittlichen Abwegen zurückzuholen, gerät der pflichteifrige und verknöcherte Gymnasialprofessor Immanuel Rath in das verruchte Vergnügungslokal Der blaue Engel, wo er blindlings den erotischen Reizen der Tingeltangel-Chanteuse Lola-Lola erliegt. Wegen dieser Liaison aus dem Schuldienst entlassen, zieht Unrat mit der Künstlertruppe 5 Jahre von Bühne zu

Abweichungen von der Romanvorlage

Fabel des Films

Bühne. Von Lola-Lola betrogen und vom Direktor zutiefst erniedrigt, steht am Ende des unaufhaltsamen Abstiegs Raths gramvoller Tod über dem Katheder seines ehemaligen Klassenzimmers.

Sentimentaler Filmschluß

Der Filmschluß stellt die einschneidendste Veränderung der Romanvorlage dar. Während Unrat im Roman nach seiner Entlassung aus dem Schuldienst und nach der Heirat mit der Künstlerin Fröhlich einzig seinen eitlen Haßgefühlen lebt und am Ende unrühmlich ‚von der Bühne verschwindet', ist ihm im Film ein sentimentales, ‚rührendes' Ende beschieden: Nachdem Rath nach einem erniedrigenden Bühnenauftritt in der Stadt, wo er Jahrzehnte lang als Lehrer tätig war, wahnsinnig geworden ist, sucht er sein altes Klassenzimmer auf, krallt sich im Todeskampf an der Tischkante fest und stirbt, während die Melodie „Üb immer Treu' und Redlichkeit" erklingt:

> Der Hausmeister erscheint (Groß:) Rath. (Halbnah:) Rath und Hausmeister. Der Hausmeister versucht in blinder Angst mit aller Kraft Raths Hände vom Katheder zu lösen, aber vergeblich [...] Eine letzte Szene zeigt den bewegungslosen, gestürzten Rath, von der Lampe des Hausmeisters beleuchtet. Er umgreift noch die Kante des Katheders – eine letzte Geste, seine Sicherheit wiederzuerlangen. Er hat Frieden in dem Klassenzimmer gefunden, das er einst verließ. Die Kamera fährt langsam zurück, die leeren Bänke seiner Schüler zeigend, während draußen die Uhr 12 schlägt. Beim letzten Glockenschlag erscheint das Wort E n d e." (Klett Editionen, 28f)

Pathetischer Abgang

Der Film verschafft Unrat einen verklärenden, pathetischen Abgang, während das groteske Romanende jedes Pathos vermeidet. Vor allem mit dem Ende des Films war Heinrich Mann nicht einverstanden: „Unrat als Clown sterbend auf dem Katheder war falsch, so wirksam Jannings den Tod auch gespielt hat." (nach Wolff 22) Die einfache Fabel des Films ergibt sich aus der Tatsache, daß der Film thematisch auf das Problem der fatalen Leidenschaft Unrats zu einer lasziven Chanteuse reduziert wurde. Der Film verzichtet

Entpolitisierung

auf alle gesellschaftlichen oder politischen Implikationen. So empörten sich auch lediglich die

Standesorganisationen der Lehrer, ihresgleichen in einer solch unsittlichen Figur verkörpert zu sehen. Die rechtsgerichtete Presse, der der linke Literat Heinrich Mann immer verdächtig gewesen war, stellte den Film über seine Vorlage: „Es ist der UFA gelungen, aus dem Schandwerk von Heinrich Mann ein Kunstwerk zu machen.“ (nach Gregor, 215)

Lob von rechts

Die thematische Reduktion des Films bedingt eine Einebnung der Charaktere. Unrat ist nicht mehr der machtbesessene und rachgierige Tyrann, der zum Anarchisten wird, ehe er eine Einschränkung seiner Machtvollkommenheit duldet, nicht mehr der psychisch defekte Repräsentant des autoritären Machtstaates, sondern nur noch ein bemitleidenswerter, auf Abwege geratener täppischer Spießer. Obwohl Heinrich Mann Handlungsverschiebungen und Charakterveränderungen des Films weitgehend für gelungen hielt, kritisierte er später die folgenreiche Umgestaltung seines Protagonisten:

Einebnung der Charaktere

Kritik H. Manns:

> „Ich schrieb eine Fanfare gegen die Obrigkeit! Professor Unrat war die gestürzte Autorität. Jetzt ist er das bedauernswerte Opfer des Vamps!“ (nach Gregor, 215)

Unrat wird zum Opfer

Da die Idee der Macht als zentrales Thema des Romans im Film nicht auftaucht, muß Unrat auch den überlegenen „Geist“ Lohmanns nicht fürchten – folglich verliert Lohmann im Film die exponierte Stellung, die er im Roman einnimmt, und so kann Lola-Lola den tragikomischen Clown auf der Bühne mit einem beliebigen, unbedeutenden Artisten (Mazeppa) betrügen.

Bedeutungsverlust Lohmanns

Die „hehre Künstlerin Rosa Fröhlich“ des Romans ist zur Lola-Lola des Films geworden. Ihr neuer Name erinnert an Frank Wedekinds „Lulu“ (1893), die dem Theaterpublikum folgendermaßen vorgestellt wird: „Sie ward geschaffen, Unheil anzustiften / Zu locken, zu verführen, zu vergiften / Zu morden, ohne daß es einer spürt.“ (Stein, 117)

Lola-Lola als ‚femme fatale‘

Die Mythisierung Rosas, im Roman eine durchaus durchschnittliche, zugleich liebenswerte und durchtriebene Gestalt, findet ihren deutlichsten Ausdruck im Titelsong des Films, den Friedrich Holländer verfaßte:

Titelsong

> „Ich bin von Kopf bis Fuß auf Liebe eingestellt, denn das ist meine Welt und sonst gar nichts. Das ist, was soll ich machen, meine Natur: Ich kann halt lieben nur und sonst gar nichts. Männer umschwirrn mich wie Motten das Licht, und wenn sie verbrennen, ja, dafür kann ich nicht."

Ist Rosa Fröhlich lediglich der Auslöser des Tyrannensturzes – „es braucht nur noch die Überreizung seiner Anlagen und Triebe, zum Beispiel durch eine Frau" (176) –, so ist Lola-Lola die letzte Ursache für den Fall eines „durchaus mitleidwürdige[n], lebensfremde[n] Biedermann[s]" (Weltbühne 1930, nach Renate Weber, 121).

Filmkritik: Politische Funktion der Entpolitisierung

„Der blaue Engel", einer der größten Publikumserfolge des deutschen Films, forderte bald all jene zur Kritik heraus, die den Film an seiner Vorlage maßen. Gut zwei Jahrzehnte nach Erscheinen des Films faßt Theodor W. Adorno diese Kritik zusammen:

> „Die Humanität, deren ‚Der blaue Engel' sich durch seine mildernden Retuschen befleißigt, die zum angeblich allzu Menschlichen schmunzelnde Güte hat keinen anderen Zweck, als die Denunziation des Inhumanen zum Schweigen zu bringen, die Heinrich Manns Roman vollbrachte und die dessen Nutznießern noch nach zwanzig Jahren unerträglich war, als sie auf der Jagd nach ihrem Glück ein Drehbuch daraus zusammenstümperten." (Klett Editionen, 31)

Rezeption und Interpretationsansätze

Rezeptionslenkung durch den Film

„Der blaue Engel" hat den Roman Heinrich Manns publikumswirksam, aber gegen seine kritischen Intentionen zur „Privattragödie" eines vom Eros ins Verderben gezogenen Schulmannes umgedeutet. Insofern hat der Welterfolg des Films das Verständnis des Romans eher behindert als erleichtert. Der Roman selbst stieß – anders als der Film – bei seinem Erscheinen weitgehend auf Ablehnung. Ein ehemaliger Schüler des Lübecker Katharineums erinnert sich:

Aufnahme in Lübeck:

– Empörung

> „Als der Roman ‚Professor Unrat' 1905 zum erstenmal erschien, fand er wenig Gegenliebe bei der Literaturkritik der Zeit und noch weniger bei den Bürgern der Stadt Lübeck. Das sei alles ganz und gar verstiegen und übertrieben, redeten die biederen Hanseaten sich ein und einander vor, soweit sie das Buch nicht totschweigen konnten […] Natürlich durften die Primaner des Lübecker Katharineums auf keinen Fall das Buch lesen. Das schamhafterweise auch nie offen ausgesprochene Verbot hatte selbstverständlich zur Folge, daß ein zerlesenes Exemplar des Werks ständig unter den aufgeweckteren Schülern der oberen Klasse zirkulierte. Mit der gesunden Nüchternheit und lebendigen Phantasie der Jugend fanden diese die Geschichte gar nicht so unwahrscheinlich, denn auch sie wurden von ihren eigenen Paukern, den oft nicht weniger verschrobenen Nachfolgern des Professor Raat, ‚gefaßt', ‚ins Kabuff geschickt', kurzum tyrannisiert statt erzogen." (Anger, 100)

– Zustimmung der Schüler

1931 sprach Heinrich Manns Bruder Thomas die Hoffnung aus, daß die Stadt Lübeck ihm „eines Tages auch den ‚Professor Unrat' verzeihen wird", so wie sie ihm selbst seinen Roman „Buddenbrooks" verziehen habe. (Klett Editionen, 15). Doch im Mai 1933 wurden dann nicht nur alle Bücher Heinrich Manns verboten, sondern auch der Film „Der blaue Engel", vor allem, weil er

1933: Verbot des Films

auf einem Roman Heinrich Manns beruhte und weil sein Regisseur „nichtarisch" war.

Thomas Mann 1941:

Thomas Mann, der 1905 den „Professor Unrat" noch entschieden abgelehnt hatte („das leichtfertigste Zeug, das seit langem in Deutschland geschrieben wurde"), entdeckte 1941 die „vollendete Prophetie" des Romans:

Hitler ist Unrat

> „Vor einem Menschenalter, lieber Bruder, gabst du uns den Mythos vom Professor Unrat. Hitler ist kein Professor – weit davon. Aber Unrat ist er, nichts als Unrat, und wird bald ein Kehricht der Geschichte sein. Wenn du, wie ich vertraue, die organische Geduld hast, auszuharren, so werden deine alten Augen sehen, was du in kühner Jugend beschriebst: das Ende eines Tyrannen." (Klett Editionen, 16 f)

Roman als Attacke gegen Wilhelminismus

1951 verwies Herbert Ihering auf die konkreten zeitgeschichtlichen Bezüge des Romans und deutete ihn als Angriff gegen die wilhelminische Gesellschaft. Der Roman sei „das erste Werk Heinrich Manns, das an einem Machtpfeiler des wilhelminischen Deutschland rüttelt: an der Schule".

Kalter Krieg: Heinrich Mann zwischen Ost und West

In den fünfziger Jahren geriet das literarische Werk Heinrich Manns in die Mühlsteine der ideologischen Auseinandersetzung des Kalten Krieges.

Vereinnahmung im Osten:

Heinrich Mann, der sich im Laufe seiner Entwicklung sozialistischen Positionen angenähert hatte, wurde ‚drüben' zum „Ahnherrn der DDR" gekürt und von Staat und Partei vereinnahmt – Walter Ulbricht: „Heinrich Mann ist unser." (Bilke, 375).

Der Roman „Professor Unrat", dessen Untergang „nicht etwa Mitgefühl, sondern Genugtuung (weckt)" (Wolffheim, 593), wurde als „sozialkritisches Gleichnis" (596) für die dem Untergang geweihte kapitalistische Gesellschaft gelesen:

Unrat als Repräsentant

> „Nur in einer schon anarchistisch deformierten Gesellschaft ist ein Tyrann wie Unrat möglich. Eine in sich selbst stabile Gesellschaft würde einen Tyrannen dieses Typs nicht dulden, noch wäre sie korrumpierbar. Unrat ist also mit seinem Tyrannen- und Anarchistentum der Repräsentant, nicht aber der suspekte Außenseiter dieser Gesellschaft, da sie selbst von Fäulnis und Unrat unterwühlt ist." (Wolffheim, 596)

'Hüben' wurde Heinrich Manns Werk im ideologischen Gegenschlag häufig diffamiert, verschwiegen oder 'entpolitisiert'. Gab man sich in der DDR Mühe, Unrat ausschließlich als Repräsentanten der Gesellschaft darzustellen, so wurde Unrat in der BRD als der kranke Außenseiter gesehen, der böse „Dämon", der ohne jeden ersichtlichen Grund sein Unwesen treibt, bis er zum glücklichen Ende doch noch zur Strecke gebracht wird:

Entpolitisierung im Westen:

Unrat als Außenseiter

> „Es scheint, als entsänne sich Heinrich Mann dann aber doch noch darauf, diesem dämonischen Tyrannen den Untergang zu bereiten. Denn auf einmal taucht Lohmann wieder auf. [...] Dieser Lohmann ist es, der die höllische Macht des Dämons bricht und ihm ein Ende bereitet. Das Ungeheuer unterliegt also, und die Stadt wird von ihm befreit. [...] Was so schwer war oder ganz unmöglich aussah, nämlich Unrat zu vernichten, ist, wie sich überraschend herausstellt, eine Kleinigkeit! Es gehört nur der kühle, überlegene Kopf eines Menschen dazu, der als einziger noch in der Lage ist, richtig zu denken [...] Das letzte Wort behält hier die Ordnung." (Schöpker, 128f)

Unrat als böser Dämon

Sieg der Ordnung über das Chaos

Auch Banuls' Interpretation bleibt unpolitisch:

> „Der berühmte 'Professor Unrat' gilt allgemein als Satire der wilhelminischen Gesellschaft (von der kaum die Rede ist) und ihrer Gymnasiallehrer, immer wieder als Schultyrann gebrandmarkt, obwohl dies nur ein Nebenthema, das Sichtbarste, des Buches ist." (Banuls, 59)

Banuls sieht in der Person Unrats „die meisten Aspekte von Manns damaliger Gedankenwelt [vereinigt]" (Banul, 59) und deutet den Roman folglich als Auseinandersetzung des Autors mit dem Konflikt von „Kunst und Leben". Dabei kommt er zu einem überraschenden Ergebnis:

Konflikt zwischen Kunst und Leben

> „Ein Tyrann ist Unrat zwar, trotz des Untertitels, im ersten Teil des Buches kaum, denn seine Schüler sind alles andere als zart besaitet, und sein strenges, aber wirr-defensives Gebaren macht ihn eher bemitleidenswert. Man weiß, wie er erst später zum Tyrannen wird, der die Stadt unterwirft." (Banuls, 76)

Politische Charakterstudie

Psychoanalyse der bürgerlichen Gesellschaft

Repräsentant und Außenseiter

Prophetie des Romans

Geistes-geschichtliche Interpretation

Neigte die erst Mitte der sechziger Jahre einsetzende Forschung noch dazu, die gesellschaftskritischen Intentionen des Romans zugunsten einer individualpsychologischen Betrachtungsweise zu übergehen, so kommt Karl Riha 1971 zu dem Befund, „Professor Unrat" sei ein „analytischer" Roman, eine „politische Charakterstudie [...] und Gesellschaftsstudie der etablierten Herrschaft, die Unrat [...] repräsentiert". (Riha, 51)
1972 legte Hanno König dar, die politische Interpretation des Romans in der Nachfolge Iherings sei zu „einseitig". König sieht die Romane Heinrich Manns als eine „Psychoanalyse der bürgerlichen Gesellschaft in Romanform". Dabei habe der Autor „die Erfahrungen des eigenen Ich" einbezogen. Wie viele Romane des Autors sei darum auch „Professor Unrat" nicht lediglich die satirische Entlarvung der Gesellschaft, sondern „zugleich verfremdete Selbstdarstellung oder Selbstdisziplinierung" des Autors. (König, 26)
Walter Sokel deutet Unrat als Repräsentanten und Außenseiter des preußisch-deutschen Reiches und hebt, in Anknüpfung an das Urteil Thomas Manns, die Prophetie des Werkes hervor:

> „Was Heinrich Mann zeigt, ist dies, daß die letzte Konsequenz des wilhelminischen Machtsystems die Auflösung der Gesellschaft, die Anarchie ist – aber nicht die Anarchie im Sinne des politischen Ideals der Herrschaftslosigkeit, sondern im physischen Sinne eines Zusammenbruchs aller menschlichen Bande. Nicht die totale Freiheit, sondern das totale Verbrechen kommt herauf als die logische Konsequenz der bürokratischen Tyrannis. Aus dem Gesichtswinkel einer Zeit, die 1945 hinter sich hat, ist ‚Professor Unrat' ein wahrhaft prophetisches Werk!" (Sokel, 406)

Für Elke Emrich (1981) ist Unrat nicht die repräsentative Gestalt des wilhelminischen Kaiserreichs, „allenfalls dessen Satire" (167). Sie sieht „die kritische Intention dieser Gesellschaftssatire" (187) nicht in ihren vordergründigen politischen oder gesellschaftlichen, sondern in ihren geistesgeschichtlich-philosophischen Bezügen. Der Autor rechne

> „in satirischen Überspitzungen und Verfremdungen mit den geistigen Grundlagen der Dekadenz ab, mit Skeptizismus in moralices […], mit der ‚Weltverachtung' des Dekadent Lohmann, der ‚Volksverachtung' Unrats und der Künstlerin Fröhlich, mit dem elitären Individualismus eines l'art-pour-l'art-Ästheten und mit dem todessüchtigen Irrationalismus der Massen". (Emrich, 189f)

Grundlage dieser Interpretation ist die Beurteilung Lohmanns. Der wirklichkeitsfremde Skeptiker habe am Ende die Folgen seiner „moralischen Indifferenz" erkannt und sich entschieden, „das ‚bürgerliche' normative Denken in seine Rechte einzusetzen" (189), d.h. Unrat der Polizei auszuliefern. Ausgehend von interessanten Parallelen in der Gestaltung Unrats zur Person und zum Werk Nietzsches, sieht Emrich in Unrat eine „Satire auf Nietzsche" und die weitverbreitete wörtliche Nietzsche-Rezeption (199). Vormals Nietzscheanhänger, habe sich Heinrich Mann „in der Gestalt des Lohmann von Nietzsche selbst losgesagt", worin sich die „Neuorientierung Heinrich Manns, sein Anspruch auf gesellschaftliche Wirksamkeit", offenbare.

Satire auf Nietzsche

„Professor Unrat“ im Werkzusammenhang

Geburt im Jahr der Reichsgründung

1871, im Jahr der Gründung des Deutschen Reiches, als Sohn eines Lübecker Kaufmanns und einer aus Brasilien stammenden Mutter geboren, betrachtete Heinrich Mann die Gesellschaft des Kaiserreiches sowohl ‚von oben‘ als auch mit einer gewissen Distanz. Ohne seine Buchhändlerlehre abgeschlossen zu haben und gegen den entschiedenen Willen seines Vaters unternahm er früh seine ersten literarischen Versuche. Seine schriftstellerischen Anfänge (Gedichte, Skizzen, kleinere Erzählungen) sind vor allem bestimmt durch eine ironische Weltverachtung („Haltlos“ 1890) in auffälliger stilistischer Nachahmung Heinrich Heines. Doch wird in Heinrich Manns frühen Arbeiten trotz der satirischen Weltsicht die Ordnung der Gesellschaft seiner Zeit nicht in Frage gestellt. Insofern kann die Gestalt Lohmanns als kritisches Jugendporträt des Autors selbst gelten.

Anfänge:

Ironische Weltverachtung

In seinem ersten Roman „In einer Familie“ (1893), von dem sich Heinrich Mann später wegen der Unreife seiner Form und Weltsicht distanzierte, setzte er sich besonders mit der ihm selbst bekannten Neigung zur „fortwährenden Selbstbespiegelung“ auseinander, die er nun, in Übernahme der Psychologie Paul Bourgets, als „Wesenszug der Modernen“, der „Décadents“ betrachtete.

Dekadente Selbstbespiegelung

Dabei übernahm Heinrich Mann nicht nur Bourgets psychologische Kulturkritik, sondern auch dessen antidemokratische Gesinnung, hielt Bourget doch auch die Demokratie für ein Zeichen politischer, nationaler und sozialer Dekadenz. Ihren publizistischen Niederschlag fand diese Phase extrem konservativer Weltanschauung in Heinrich Manns Beiträgen für die Zeitschrift „Das Zwanzigste Jahrhundert. Blätter für deutsche Art und Wohlfahrt“ (1895/96). Hier machte er sich zum

Extremer Konservativismus

Propagandisten der reaktionären Ideologie des Kaiserreichs, die am entschiedensten von den Alldeutschen vertreten wurde: Antiparlamentarismus, Militarismus, Antisemitismus, Antisozialismus und Hohenzollernverehrung. Gerade weil Heinrich Mann diese Weltanschauung selbst vertreten hatte, konnte er sie später um so treffender attackieren.

Bald nach seinem letzten Beitrag für diese Zeitschrift schrieb er seine erste gesellschaftskritische Erzählung „Das gestohlene Dokument", womit sich seine Abkehr von den bisher vertretenen Werten ankündigte. Ein zweijähriger Italienaufenthalt schuf die heilsame Distanz zur deutschen Gesellschaft und beendete endgültig die „neukonservative" Phase. Sowohl vom Individualismus und der Gesellschaftsverachtung Nietzsches angezogen, als nun auch ausgestattet mit einem neuen Interesse für die soziale Umwelt des Menschen – er entschloß sich, „soziale Zeitromane" zu schreiben –, lebte Heinrich Mann in einer weltanschaulich zwiespältigen und unentschiedenen Situation.

Neuorientierung in Italien

Soziales Interesse

Fasziniert von der „unübertrefflichen Geschichtsschreibung" Heines und beeinflußt von den Autoren des französischen Realismus Maupassant, Flaubert und Balzac, suchte er nach Formen, den Anspruch einer literarischen Zeit- und Gesellschaftsgeschichte einzulösen. Von 1900–1903 entstanden die Romane „Im Schlaraffenland", „Die Göttinnen oder Die drei Romane der Herzogin von Assy" und „Die Jagd nach Liebe".

Literarische Zeitgeschichte

Der 1904 in nur wenigen Monaten niedergeschriebene Roman „Professor Unrat oder Das Ende eines Tyrannen" darf als der erste gelungene Versuch Heinrich Manns gelten, seine Idee des sozialen Zeitromans mit den Mitteln der Satire und der Groteske zu verwirklichen. Insofern ist diese Studie über die Beherrschung der „Untertanenseelen" (137) die Vorstufe zu seinem berühmtesten Roman „Der Untertan", der zur Zeit seiner Niederschrift den programmatischen Titel trug: „Geschichte der öffentlichen Seele unter Wilhelm II.". Ist Professor Unrat, der Tyrann und Anarchist,

Vom „Tyrannen" zum „Untertan"

Unrat als Vorläufer der autoritären Persönlichkeit

die fast geschichtslose und idealtypische Verkörperung des Willens zur Macht, so wird die soziokulturelle Genese des „Untertans" Diederich Heßling von Kindesbeinen an verfolgt und analysiert. Ist Unrat in seinem Herrschaftswillen und Machtwahn unerbittlich bis zur Selbstvernichtung, so verkörpert der Protagonist des „Untertan" als „autoritärer Charakter" gerade die wechselseitige Bedingtheit von Unterwürfigkeit nach oben und rigider Machtausübung nach unten.

Bibliographie

Anger, Sigrid (Hrsg.): Heinrich Mann 1871–1950. Werk und Leben in Dokumenten und Bildern, Berlin-DDR 1977

Banuls, André: Heinrich Mann, Stuttgart, Berlin, Köln, Mainz 1970, S. 58–68

Bilke, Jörg Bernhard: Heinrich Mann in der DDR, in: Klaus Matthias (Hrsg.): Heinrich Mann 1871/1971. Bestandsaufnahme und Untersuchung. Ergebnisse der Heinrich-Mann-Tagung in Lübeck, München 1973, S. 367–384

Bölling, Rainer: Sozialgeschichte der deutschen Lehrer. Ein Überblick von 1800 bis zur Gegenwart, Göttingen 1983

Claßen, Ludger: Satirisches Erzählen im 20. Jahrhundert. Heinrich Mann. Bertolt Brecht. Martin Walser. F. C. Delius, München 1985

Emrich, Elke: Macht und Geist im Werk Heinrich Manns. Eine Überwindung Nietzsches aus dem Geist Voltaires. Berlin, New York 1981

Frewin, Leslie: Marlene Dietrich. Ihre Filme – ihr Leben, München 1984 (Erstv. 1964)

Gregor, Ulrich: Der blaue Engel, in: Filmkritik (Frankfurt) Nr. 4, April 1965

Gutzen, Dieter; Oellers, Norbert; Petersen, Jürgen H.: Einführung in die neuere deutsche Literaturwissenschaft. Ein Arbeitsbuch, Berlin 1976

Haupt, Jürgen: Heinrich Mann, Stuttgart 1980, S. 43–55

Herrlitz, Hans Georg u.a.: Deutsche Schulgeschichte von 1800 bis zur Gegenwart. Eine Einführung, Königstein/Ts. 1981

Kafitz, Dieter (Hrsg.): Dekadenz in Deutschland. Beiträge zur Erforschung der Romanliteratur um die Jahrhundertwende. Einführung des Hrsg. S. 7–38, Frankfurt/Bern/New York 1987

Klett Editionen: Heinrich Mann, ‚Professor Unrat', Materialien ausgewählt und eingeleitet von Eckhard Glöckner und Thomas Lange, Stuttgart 1981

König, Hanno: Heinrich Mann. Dichter und Moralist, Tübingen 1972

Lundgren, Lars Eric: Frauengestalten im Frühwerk Heinrich Manns, Stockholm 1986

Lundgreen, Peter: Sozialgeschichte der deutschen Schule im Überblick, 2 Bde., Göttingen 1980 u. 81, Stockholm 1986, S. 301–304

Nowak, Alexander Georg: Das Bild des Lehrers bei den Brüdern Mann, Bern, Frankfurt 1975, S. 50–54

Reden Kaiser Wilhelms II., zusammengestellt von Axel Matthes, Nachwort von Helmut Arntzen, München 1976

Riha, Karl: „Dem Bürger fliegt vom spitzen Kopf der Hut". Zur Struktur des satirischen Romans bei Heinrich Mann, in: Edition Text und Kritik, Sonderheft Heinrich Mann, 1971

Riess, Curt: Das gab's nur einmal. Die große Zeit des deutschen Films, Wien, München 1977, Bd. 1

Rückriem, Georg M.: Der gesellschaftliche Zusammenhang der Erziehung, in: Funkkolleg Erziehungswissenschaft Bd. 1, Frankfurt/M. 1975, S. 299–322

Sandberg, Beatrice: Der Roman zwischen 1910 und 1930, in: Handbuch des deutschen Romans, hrsg. v. Helmut Koopmann, Düsseldorf 1983, S. 489–510

Schmidt, Eckhard: Der blaue Engel, in: Film (Velber bei Hannover) Jg. 3, Nr. 2, Febr. 1965

Schöpker, Heinz Friedrich: Heinrich Mann als Darsteller des Hysterischen und Grotesken, Bonn 1960 (Diss.), S. 98–121

Schröter, Klaus: Heinrich Mann, Reinbek 1967

Ders.: Zu Heinrich Manns „Professor Unrat", in: Manfred Brauneck (Hrsg.): Der deutsche Roman im 20. Jahrhundert. Analysen und Materialien zur Theorie und Soziologie des Romans, Bamberg 1976, S. 107–115

Sokel, Walter H.: Demaskierung und Untergang wilhelminischer Repräsentanz. Zum Parallelismus der Inhaltsstruktur von „Professor Unrat" und „Tod in Venedig", in: Herkommen und Erneuerung. Essays für Oskar Seidlin, hg. v. Gerald Gillespie und Edgar Lohner, Tübingen 1976, S. 387–412

Stanzel, Franz K.: Theorie des Erzählens, Göttingen 1982[7]

Stein, Gerd: Femme Fatale - Vamp - Blaustrumpf. Sexualität und Herrschaft. Kulturfiguren und Sozialcharaktere des 19. und 20. Jahrhunderts, Bd. 3, Frankfurt/M. 1985

Ders.: Philister - Kleinbürger - Spießer. Normalität und Selbstbehauptung. Kulturfiguren und Sozialcharaktere des 19. und 20. Jahrhunderts, Bd. 4, Frankfurt/M. 1985

Trapp, Frithjof: „Kunst" als Gesellschaftsanalyse und Gesellschaftskritik bei Heinrich Mann. Berlin, New York 1975, S. 139–185

Vondung, Klaus (Hrsg.): Das wilhelminische Bildungsbürgertum. Zur Sozialgeschichte seiner Ideen, Göttingen 1976

Weber, Renate (Hrsg.): Heinrich Mann. Texte aus seiner Wirkungsgeschichte in Deutschland, Tübingen 1977, S. 117–128

Wehler, Hans-Ulrich (Hrsg.): Das Deutsche Kaiserreich 1871–1918. Göttingen 1983[5]

Ders.: Imperialismus, Neue Wissenschaftliche Bibliotheksgeschichte, Köln-Berlin 1970

Weisstein, Ulrich: Heinrich Mann. Eine historisch-kritische Einführung in sein dichterisches Werk, Tübingen 1962, S. 65–78

Ders.: „Professor Unrat" and „The Blue Angel": Translations, Versions and Adaptations of Heinrich Mann's Novel In Two Media, in: U.W. (Hrsg.), Links und links gesellt sich nicht. Gesammelte Aufsätze zum Werk Heinrich Manns und Bertolt Brechts, New York, Bern, Frankfurt/M. 1986, S. 87–103

Wolff, Rudolf: Die Schule – so bitter wie Medizin. Zur Realismuskonzeption in Heinrich Manns „Professor Unrat", in: Heinrich Mann, Werk und Wirkung, hrsg. v. R. Wolff, Bonn 1984, S. 9–23

Wolffheim, Hans: Nachwort zu Heinrich Mann: Im Schlaraffenland/Professor Unrat. Zwei Romane, Berlin o.J. (Nachdruck bei Claassen), S. 575–596

Zola, Emile: Nana, aus dem Französischen übersetzt von Walter Widmer, München 1988

„Leichter lernen, lieber lernen. Also Klett."

Bert Brecht
„Der gute Mensch von Sezuan"
ISBN 3-12-922304-5

Bert Brecht
„Der kaukasische Kreidekreis"
ISBN 3-12-922323-1

Bert Brecht
„Leben des Galilei"
ISBN 3-12-922311-8

Georg Büchner „Dantons Tod"
ISBN 3-12-922332-0

Georg Büchner „Woyzeck"
ISBN 3-12-922316-9

Max Frisch „Homo faber"
ISBN 3-12-922306-1

Max Frisch „Andorra"
ISBN 3-12-922329-0

J.W. von Goethe
„Faust – Erster und Zweiter Teil"
ISBN 3-12-922315-0

J.W. von Goethe
„Die Leiden des jungen Werther"
ISBN 3-12-922338-X

J.W. von Goethe
„Iphigenie auf Tauris"
ISBN 3-12-922314-2

Heinrich Heine
„Buch der Lieder"
ISBN 3-12-922342-8

Franz Kafka „Der Prozeß"
ISBN 3-12-922334-7

Gottfried Keller
„Romeo und Julia auf dem Dorfe"
ISBN 3-12-922322-3

Heinrich von Kleist
„ Die Marquise von O…"/ „Das Erdbeben in Chili"
ISBN 3-12-922328-2

Heinrich von Kleist
„Michael Kohlhaas"
ISBN 3-12-922331-2

Heinrich von Kleist
„Prinz Friedrich von Homburg"
ISBN 3-12-922336-3

J.M.R. Lenz
„Der Hofmeister"/ „Die Soldaten"
ISBN 3-12-922335-5

G.E. Lessing
„Nathan der Weise"
ISBN 3-12-922339-8

Heinrich Mann
„Professor Unrat"
ISBN 3-12-922333-9

Thomas Mann
„Der Tod in Venedig"
ISBN 3-12-922301-0

Ulrich Plenzdorf
„Die neuen Leiden des jungen W."
ISBN 3-12-922321-5

Joseph Roth „Hiob"
ISBN 3-12-922341-X

Friedrich Schiller
„Don Carlos"
ISBN 3-12-922343-6

Friedrich Schiller
„Kabale und Liebe"
ISBN 3-12-922303-7

Friedrich Schiller
„Wallenstein"
ISBN 3-12-922302-9

Lyrik nach 1945
ISBN 3-12-922305-3

in der Reihe „Klett-Lektürehilfen" sind noch weitere Titel lieferbar